升级版

重要的"性"，影响孩子一生

50个常见性教育问题解析

胡佳威　著

中信出版集团 | 北京

图书在版编目（CIP）数据

重要的"性"，影响孩子一生：升级版 / 胡佳威著
. -- 2 版 . -- 北京：中信出版社，2024.6（2025.5 重印）
ISBN 978-7-5217-6551-9

Ⅰ.①重… Ⅱ.①胡… Ⅲ.①性教育－儿童教育－家
庭教育 Ⅳ.① G479 ② G78

中国国家版本馆 CIP 数据核字（2024）第 087576 号

本书中文简体版由北京行距文化传媒有限公司授权中信出版集团股份有限公司
在中国大陆地区独家出版、发行。

重要的"性"，影响孩子一生（升级版）

著　者：胡佳威
出版发行：中信出版集团股份有限公司
　　　　　（北京市朝阳区东三环北路27号嘉铭中心　邮编　100020）
承　印　者：北京盛通印刷股份有限公司

开　　本：880mm×1230mm　1/32　　印　　张：8.75　　字　　数：200千字
版　　次：2024 年 6 月第 2 版　　印　　次：2025 年 5 月第 2 次印刷
书　　号：ISBN 978-7-5217-6551-9
定　　价：49.00 元

自我测试

在阅读本书之前，我们邀请你先做一个测试。以下 30 个问题请你按照自身的实际观念和认知来选择更认同的选项。请务必按照自己的真实想法来回答你实际生活中面对每个问题时的真实情况。

1 在向孩子介绍生殖器的时候，你更倾向于以下哪种方式？

　　A. 更倾向于用科学的词语，如"阴茎""阴道"。

　　B. 更倾向于用大家都在用的俗称，如"小鸡鸡""小妹妹"。

2 在给 2 岁孩子洗澡的时候，发现他在摸自己的生殖器，你会怎么处理？

　　A. 这是孩子探索身体的过程，不用干预。

　　B. 转移孩子的注意力，避免孩子继续玩生殖器。

3 在回答孩子提出的关于性的问题时，你一般会怎么回应？

　　A. 总能认真如实地回答孩子提出的问题。

　　B. 面对孩子的问题，往往会选择回避。

4 你觉得在家庭中，性教育主要由谁来进行会更合适？

　　A. 爸爸和妈妈都应该教孩子，不管是儿子还是女儿。

　　B. 爸爸教儿子，妈妈教女儿会更合适。

5 你认为性教育应该从什么时间开始？

A. 性教育从孩子出生就可以开始了。

B. 性教育应该等到孩子青春期再开始。

6 长辈对你5岁的儿子开玩笑说："不听话就把你的小鸡鸡剪掉。"你如何看待这种说法？

A. 反对。即使孩子小，我们也应该尊重孩子。

B. 只是无伤大雅的玩笑话，不必当真。

7 你觉得父母在孩子面前亲吻，会对孩子产生什么影响？

A. 这是父母之间表达爱的方式，并不会对孩子有不好的影响。

B. 孩子会模仿学习，最好不要在孩子面前亲吻。

8 带1岁半的孩子出去玩时，你会选择给他穿开裆裤还是纸尿裤？

A. 纸尿裤，卫生且能保护孩子的隐私。

B. 开裆裤，方便且经济。

9 正上幼儿园的孩子回家对你说："我有男 / 女朋友了。"你会如何面对这种状况？

A. 认为这是孩子之间的感情，不用干预。

B. 告诉孩子这是友情而不是爱情。

10 假如你有两个孩子，一个 4 岁的儿子和一个 6 个月的女儿，有一天你正在给女儿换纸尿裤，儿子在旁边全神贯注地盯着女儿的生殖器看。你会如何应对？

A. 意识到孩子对异性的身体感到好奇，准备最近给孩子讲一下两性的身体区别。

B. 告诉儿子这是妹妹的隐私，不可以看。

11 假如你和孩子正一起看电视，剧情正好出现男女主角热吻，你会怎么办？

A. 可以就亲吻这个事情和孩子聊聊。

B. 认为小孩子不适合看这个，换一个频道或者把他支开。

12 假如某天你和爱人正在房间里做爱，孩子突然打开房门撞见了这一幕。你会如何处理？

A. 询问孩子看到了什么，并向孩子解释这是爸爸妈妈相爱的表现。

B. 不用详细解释，下次注意就行。

13 6岁的女儿看到厕所里的卫生巾，问你是什么，你会如何回答？

    A. 告诉她这是卫生巾，女孩长大来月经的时候就需要它。

    B. 不解释，告诉她长大以后就懂了。

14 5岁的儿子在玩具商店看到一个粉红色的洋娃娃，希望可以买这个娃娃。你会如何处理？

    A. 既然孩子喜欢这个玩具，就给他买。

    B. 告诉孩子洋娃娃是女孩的玩具，选择给他买男孩常玩的玩具。

15 假如你 5 岁的女儿活泼好动，不喜欢长头发和穿裙子，每天只和男孩玩，你会如何处理？

A. 尊重孩子的喜好，不干预。

B. 告诉孩子女孩应该斯文一些，留长头发、穿裙子才是好看的女孩。

16 你是否认为在家庭中，女性应该比男性承担更多的家务、家教，男性应该比女性收入更多？

A. 不是，角色分工应该基于双方的自由选择。

B. 是，女性和男性应该有不同的性别角色。

17 如何看待"娘娘腔"和"女汉子"？

A. 尊重个人选择和喜好。

B. 别人是不是没关系，只要我们家孩子不是就行。

18 发现自己 5 岁的女儿正和一个同龄的男孩互相摸对方的生殖器，女儿当时并没有不开心的情绪。你会如何处理此事？

A. 这种行为源于孩子们对生殖器的好奇心，需要干预和引导，但并不是严重的事情。

B. 男孩是在性侵犯女孩，需要对方家长严肃地教育男孩。

19 女孩夜归被尾随的强奸犯强奸，你如何看待女孩的夜归行为？

A. 女孩夜归不是她被强奸的理由。

B. 女孩应该避免将自己置于危险的环境，尽可能早点回家。

20 对孩子进行全面的性教育，是否会导致孩子提前发生性行为？

A. 性教育让孩子更懂得做出合适、负责任的决定，并不会促使孩子提前发生性行为。

B. 青春期的孩子本来就比较冲动，这时候进行性教育，会让孩子更加好奇。

21 你怎么看待父母告诉孩子，他是从垃圾桶里捡来的？

A. 这种回答会让孩子感到难过，甚至缺乏安全感，家长应该正面回答孩子。

B. 这只是一个无伤大雅的玩笑。

22 发现自己 13 岁的孩子正在房间里用手机看成人漫画，你会如何处理？

A. 找个机会和孩子聊聊色情信息，但不会干预孩子的行为。

B. 认为这个年纪的孩子不适合接触这些，打算以后控制孩子用手机的时间，避免孩子被误导。

23 发现自己 12 岁的孩子正在房间里自慰，你会如何处理？

A. 找个机会和孩子聊聊自慰的话题，但是不会干预孩子的行为。

B. 尽量避免孩子自慰，因为自慰多了会影响孩子的身体和学习。

24 你在超市购买卫生巾的时候，是否会感到害羞或者尴尬？

A. 不会。

B. 会。

25 你如何看待同性恋群体？

A. 尊重个人选择，同性恋不应该被歧视。

B. 同性恋不能传宗接代，是有缺陷的。

26 假如你的孩子是同性恋，你会怎么办？

A. 接纳这个事实，一切照旧。

B. 还是希望能通过一些方法改变孩子的性取向。

27 在给 14 岁的儿子收拾房间的时候，发现衣柜里有好几条女性的丝袜。你会如何处理？

A. 把丝袜放回去，当作什么都没发生。

B. 带孩子看心理医生，避免孩子产生恋物癖。

28 你与爱人在以往的生活中，是否就夫妻性生活话题有过沟通？

A. 我和爱人曾对性生活的质量有过较多沟通。

B. 几乎从来没有和爱人沟通过这个话题。

29 你的父母是否给你提供过让你受益的性教育？

A. 提供过。

B. 没提供过。

30 在阅读本书之前，你觉得自己对性教育的态度是怎样的？

A. 比较开明，会主动对孩子进行性教育。

B. 对这个话题感到害羞，不知道从何处着手。

请统计以上 30 道题你一共选择了多少个 A 选项，并根据 A 选项的个数找到自己的测试结果。

25 ~ 30 个 A 选项：你之前或许已经接受过专业的家庭性教育指导。你对性教育的态度非常开明，甚至不需要有人来提醒，就能很主动地对孩子进行性教育。你阅读本书的内容会很轻松，因为它几乎是符合你对性教育的看法的，也能引起你的一些共鸣。本书可以帮助你梳理思路，让你对性教育有更加清晰的认识。

15 ~ 24 个 A 选项：相信本书给你的启发会很大！你有着很好的性教育基础，只是在此之前，可能并没有很好的渠道去了解性教育。很多时候你也会犹豫该如何对孩子进行性教育。但是，先不要急着去找到回答孩子性问题的标准说辞，也不要急着寻求一个解决问题的标准做法。最需要明确的是对于性的态度，只要对待性的态度正确，你就找到了解决所有问题的方向。一旦方向对了，你自己就能找到解决问题的方法。

5 ~ 14 个 A 选项：你对性教育有基本的知识，但似乎总是无从下手。可能第一章的很多内容就会与你之前对性教育的认知相冲突，请先试着抛开原有的观念，顺着我们的思路去试试看。然后想想我们的观点到底不同在哪里，相信最后你一定会得出自己的判断。

0 ~ 4 个 A 选项：你在茫茫书海中看到本书，说明我们有缘分。书中大部分的观点对于你而言，可能不好接受。如果可以的话，请试着读一读吧，也许它会改变你的看法。

目　录

二、从出生开始，
抓住性教育第一个黄金期

五、青春期，在走向成熟的必经之路上陪伴孩子

10岁以上

　　我出生在一个重男轻女的农村大家族里。在我出生以前，家族一直生的都是女孩子。我是我这代的第一个男孩子，全家都特别喜欢我。但是，他们喜欢的方式有点奇怪。我记得很多大人经常聚集在一起，然后招呼我到他们面前说："佳威啊，我给你5毛钱。你小鸡鸡让我摸一下好不好？"看着他们手里晃动的5毛钱，我就说："好吧，你摸吧！"当我真的拿到那5毛钱以后，我仿佛一下子找到了致富的道路。于是一没钱，我就跑到他们面前说："我的小鸡鸡让你摸一下，你给我5毛钱吧！"

　　我的姑姑是这件事情的始作俑者。后来我长大了，她的儿子豆豆差不多七八岁的时候，有一次过年回家，我想起这件事情，就半开玩笑地当着全家人的面跟豆豆说："豆豆，你小鸡鸡让我摸一下，我给你5毛钱好不好？"没想到豆豆义正词严地说："不行，小鸡鸡不能随便让别人摸的。"听到这句话我倒是有点欣慰，但是我不死心，就又问他："那我给你1块钱呢？"结果豆豆又非常坚定地回答我："不可以，给1块钱也不行！"

我暗暗想，这几年的性教育引导还挺有作用，男孩子现在也很了解自己也是需要被保护的群体。不过我还是又问了他一次："那给你5块钱呢？"豆豆说："好吧，那你摸吧！"

原来，并不是豆豆更有隐私意识了，而是现在物价水平上升，5毛钱已经不能打动孩子了……我们可以发现，在家长对孩子的素质教育非常重视的当下，性教育依然任重道远。

性是与生俱来的，从出生到死亡，伴随每个人一生。科学课上，孩子追溯亿万年前人类的起源，获知几亿光年外某颗星球的名字，在生活中却对自己的生殖器一无所知，也不知自己从何而来。无知不是纯洁，无知也不是可爱。我和豆豆的例子，应该对家长们有些警示作用。

性教育在孩子成长的过程中不可或缺，它不仅能保护孩子远离危险和伤害，更关乎孩子的身心健康，同时也在塑造孩子的人格。越来越多的研究表明，积极、恰当的性教育能让孩子更懂得自我保护和自我悦纳，更懂得理解、尊重与包容，更容易成长为有责任感和自控力的人。

曾经，我们的父母对性教育选择回避和敷衍，现在，我们希望通过科学的方法给孩子真正的性教育。几年前，带着让我的弟弟豆豆和更多孩子有机会接受更优质性教育的心愿，我创办了"保护豆豆"。

当你终于鼓起勇气要对孩子进行性教育，却不知从何处着手时；当孩子开始对性产生好奇，出现与性有关的活动，而你充满焦虑时，我想帮你做点什么。

这本书包括了对孩子进行性教育会涉及的多个方面的知识，列举了"保护豆豆"近年来帮助家长处理过的大量案例（涉及个人隐私的已隐去），尤其就家庭教育中许多常见的问题提供了详细解答。

我们希望能帮父母理解孩子行为背后的诉求，缓解父母的焦虑；我们希望能帮父母在跟孩子沟通性的话题时，让父母学会如何回答孩子提出的问题。

这就是"保护豆豆"和这本书最希望帮到大家的。愿每个孩子都拥有接受性教育的机会，愿父母与孩子谈性时不再因诸多无端且根深蒂固的原因而难以启齿。

需要加以说明的是，每个家庭、每个孩子的性发展情况都不尽相同，本书的二、三、四、五章都标明了每章所提及问题经常出现的大概年龄段，不精确和绝对，只是为了方便家长阅读和查阅。

一、五个观念更新，让你对性不再难开口

性教育应该从什么时候开始?

本节核心问题： 孩子的性教育应该从几岁开始?
青春期再开始接受性教育晚不晚?

网络上曾经流传过这样一条新闻：一位妈妈在女儿上大学之前，偷偷在她行李箱里放了一个安全套。让人没有想到的是，妈妈的这种行为让女儿大为恼火。她质问妈妈："你有病啊?!怎么给我这么恶心的东西?!"

国家卫生健康委员会（原国家卫生和计划生育委员会）科学技术研究所于 2013 年发布的一组数据显示，我国每年人工流产多达 1300 万人次。这还不包括药物流产和未注册的私人诊所做的人工流产。

新闻中的这个妈妈的做法足够开明，可是为什么 18 岁的女儿在得到妈妈给的安全套时反应过激呢?

2013 年，我在江南大学做副班主任。当时班上的学生得知我在做性教育，和我聊起他们的成长经历。其中有一个女生说，她上小学时，妈妈就告诉过她什么是安全套。到了高中，她每次和男孩子外出，妈妈都会让她带一个安全套。很多同学对此都非常震惊，有同学就对她说："哇，你妈也太开放了吧！她真不担心你高中的时候找个小伙子'啪啪啪'吗？"

这个女生却平静地说："我妈从小就给我讲这些，我反倒觉得没什么大不了的。虽然我妈在高中时就给我安全套，但是她并不是鼓励我去发生性行为，而是希望我能保护好自己。"

我有一个女性朋友在国外读大学期间交了一个丹麦的男朋友，他和她分享过自己的第一次性经历。这个丹麦男生的第一次是在他自己的房间，在这个男生要与自己的女朋友发生性行为之前，他下楼向他爸爸要了一个安全套。听到这个故事的时候，我非常震惊。在中国绝大多数的家庭中，这一定是不可能的事情。

同样是面对安全套，为什么三个孩子的态度这么不同？

第一个故事里的妈妈在女儿上大学之前可能从来没有对自己的女儿进行过性教育，连给安全套都是偷偷塞在女儿的行李箱里。所以，当女儿第一次看到安全套的时候，她一定是蒙的，她不能理解为什么妈妈突然给她这么一个东西。第二个故事里的妈妈从孩子小时候起就开始进行性教育，所以这个女生知道性不是一件恶心肮脏的事情。当这个女生拿到安全套的时候，可以非常自然地接纳，也能理解妈妈的意思。同样的道理，丹麦作为发达国家，学校和家庭的性教育做得都非常到位，孩子从小到大都能从家庭和学校获得相关知识。孩子知道：在我要发生性行为的时候，一定要做好安全措施，而且我可以向我信任的爸爸（或妈妈）求助。

经常会有家长问我："我的孩子3岁，现在开始性教育，会不会太早了？"也有家长会问我："我的孩子青春期了，我是不是可以开始对他进行性教育了？"那么，到底性教育应该从什么时候开始呢？

很多人认为性教育应该等到孩子18岁以后，至少是进入青春期后再进行，其实真不是。性教育是我们家长需要在孩子整个成长过程中，不断与他们沟通的话题，是家长应该尽早并且长期坚持去做的事。尤其不应该到了某一天，孩子遇到问题了，家长着急了或突然觉得不说实在不行了，才鼓起勇气对孩子说。如果是这样，往往此时孩子很可能已经被"性是羞耻的事"这样的观念洗脑了。孩子反而会奇怪：为什么父母今天突然要对我讲这么莫名其妙的话题？我不要听！

事实上，性教育从孩子出生那一刻起就可以开始了。当孩子出现第一个与性相关的行为或者问出第一个与性相关的问题时，就是我们对孩子进行性教育的最佳时机。比如，有一天孩子问你："我是男孩还是女孩？"父母回答孩子："你是女孩。"这就是开始性教育的机会。

家长抓住每一个机会，持续对孩子进行性教育，会让孩子从小就意识到：性这个话题不是不能谈论，也不是什么不好的话题；当自己有疑惑的时候，可以从父母那里获得解答。这样，孩子在未来的成长过程中，在面临来自性的困惑时，更有可能从家长这儿获取正确的信息，而不是从我们不了解的渠道获取错误或有偏颇的信息（比如色情信息）。

很多成年人会觉得，自己从来没有接受过性教育，不是一样好好地长大了吗？等孩子长大了，自然而然就懂了，不需要家长特别去做什么。

但是，现在的环境和我们小时候的环境完全不同！我们小时候主要的信息来源是电视和广播，电视里不是《新闻联播》，就是像《还珠格格》一样的连续剧。而现在哪个孩子能完全脱离互联网海量的信息？就是给孩子看儿歌视频，页面上也可能会跳出几个有性意味的小广告。在这样的环境下，孩子还能"纯洁"地长大吗？

2017 年，最高人民法院公布的数据显示，2013—2016 年全国法院审结的猥亵儿童犯罪案件高达 10 782 起，平均每天有 7 起此类案件被审结。而实际发生的案件数量一定是高于这个审结数字的。在犯罪学领域有一个"犯罪黑数"的概念，指实际发生的案件中，只有一小部分会被受害人说出来，在受害人说出来的案件中，又只有一小部分会在公安机关立案。而被性侵害在传统观念中是一件羞耻、见不得人的事情，所以绝大部分性侵案件都因为种种原因成了沉默的黑数。联合国儿童基金会的一项报告就曾指出，全世界范围内有 10% 的女孩在 18 岁前遭遇过性侵害或性骚扰。

很多人还是认为，就算性教育有再多好处，不进行性教育也没什么关系。仔细想想这可能只是因为他恰好没有遇到不好的事情，便以为自己身边没有这样的事情发生。实际上，儿童受到的性侵害远比我们想象的普遍。

没有一个家长觉得自己的孩子会被性侵害，事情发生之前，没人能预料孩子会遇到这种事情。我们做家长的一定要想尽一切办法避免那些危害孩子的事发生，而不是走着瞧，随缘。

即便抛开性侵害，没有性教育，孩子也会长大，但在孩子长大的过程中，当他们面临对于身体的困惑，产生对性的好奇时，他们该怎样自我消化？女孩来月经时，她们可能会以为自己得了绝症；孩子们可能会因为自己有与性欲相关的生理反应而自责，甚至以为自己有病。

有这样一条新闻，一个已经上了初中的男孩，从小到大都没有人告诉过他基本的性知识，比如自慰是一种人类非常常见的性活动，自慰并不代表这个人思想下流龌龊。这个孩子不断从身边的人无意的谈论中获知这样的意思：你自慰就表示你是一个非常下流的人。于是当发现自己不能停止自慰这种行为以后，他特别厌恶自己，最终他拿起剪刀剪掉了自己的生殖器。这真的是一件非常可悲的事情。自慰是正常的行为，如此简单基本的生理知识却从没有人告诉过这个孩子。

也有很多家长尤其是爸爸，总是会对我说："我从来没有接受过性教育，现在过得也挺好啊！我也没出什么问题。"遇到这种情况，我就喜欢反问他们："你觉得你们夫妻性生活质量怎样？"小时候没有获得良好的性教育，只通过看成人影片得到一点儿性知识，长大以后进入亲密关系，性生活的质量可想而知。性教育的内容绝不单是认识生殖器官或预防性侵害，还包括帮助孩子保持生理健康、心理健康，让孩子健康地融入社会，拥有更为健全的人格。

所以，没有性教育，孩子会长大，但是有了性教育，孩子会更健康、更美好地长大。

你可以尝试

回忆一下，孩子会和你沟通与性有关的话题吗？

如果有，最近一次你和孩子沟通性的话题是什么时候？你觉得当时自己做得怎么样？

为什么不好意思和孩子谈论性？

本节核心问题： 我们为什么会对性的话题羞于启齿？
如何培养自己坦然谈性的能力？

曾有一位家长向我咨询，她给我发了一段令我很费解的语音。

胡老师，最近啊，我发现我们家孩子有点那个。有一天，我发现他正在那个！我就问他："宝宝，你是不是在那个啊？不可以那个哟。"胡老师，你说发现孩子那个到底该怎么办啊？

听完这段语音我非常困惑："那个"到底是哪个？我也很紧张，就问她："到底'那个'是哪个啊？"她向我解释，我才知道原来她儿子 2 岁多，最近对自己的生殖器特别好奇，会经常用手去摸。"那个"就是指孩子摸自己的生殖器。

做性教育的这些年里，我经常会遇到这类家长。他们会用"那个"或者"下面"来指代孩子的生殖器官，以及与性有关的行为。有些家长得知我是做性教育的，会很惊讶地对我说："你竟然是做那个的啊！你怎么会做那个事情啊？"

这些现象很明显地反映出一些人对于性的态度：他们认为性是一个非常羞耻的话题，对此羞于启齿，茶余饭后或酒桌上讲一个荤段子可以，要正儿八经地讨论性，那不行！连两个成年人谈话时都不好意思开口谈论性，更何况是对一个孩子进行性教育呢？

从小到大，似乎也没有人教育我们说："性是羞耻的，你们不能去谈论这个话题。"可是，为什么我们绝大多数人都会谈性色变呢？

我们没有接受过正确的性教育，但是从来不缺乏"错误的性教育"。家长、老师、社会对性的避而不谈，就是在潜移默化地教育我们：性是不能被谈论的，是令人羞于启齿的。这就是以往我们每个人都接受过的关于性的教育。

性真的有那么令人难以启齿吗？我们曾经建过几个家长微信群。在这些群里，我们会给他们布置作业，其中一项就是请家长们通过大量的练习把性说出口。比如，请大家在群里读出与性相关的词，这些词包括阴茎、阴道、阴唇、做爱、睾丸等。之后我们询问了家长的感受，许多家长都反馈，读之前会觉得不好意思，甚至觉得自己肯定说不出口。但是真正说出口以后，反而觉得没什么了，这些词并没有自己想象中那么难以启齿。

下意识地认为这个话题自己说不出口，至于为什么说不出口，我们可能从没想过。

想对孩子进行性教育，你可以先尝试勇敢地把"阴茎、阴道、阴唇、阴蒂、睾丸"说一遍，看着镜子里的自己说出这些词，说的时候一定不要笑。当然，还可以和爱人一起来一次演练，直到你们说这些词的时候不再笑。相信到最后你会发现，把与性有关的这些词说出口也没有那么难。

当孩子问出一个与性相关的问题，可能很多家长都不知道该如何回答。也许家长们都期待有一本叫作《孩子性问题的十万个标准答案》的书，只要孩子问到有关性的问题，就可以翻开这本书，照着标准答案读给孩子听。但是我相信，就算把这本书放在这样的家长面前，他们翻到那个标准答案，依旧会不好意思对着孩子读出来。

美国医学博士大卫·鲁本的话很让人警醒："我们每个人都曾经经历过从阴茎到阴道的七寸之旅，我们也都曾经在母亲的子宫中生活过二百八十天，所以我们没有什么理由为我们曾经旅行和生活过的地方而感到困扰。"

如果今天我们支支吾吾、遮遮掩掩地和孩子谈性，那么孩子也会觉得性是一个非常羞耻的话题。当他对性感到好奇和困惑的时候，他很可能就不会选择向自己的家长求助，我们也就失去了给孩子提供正确、健康信息的机会。只有我们能够坦然地就与性有关的话题和孩子进行沟通，才能更好地引导他们。所以，勇敢地把性说出口吧。

你可以尝试 〰〰〰〰〰〰〰〰〰〰〰〰〰〰〰〰〰〰〰〰〰

对着镜子说出以下和性相关的词，直到你说的时候不再不好意思为止。

阴茎、睾丸、阴囊、阴道、卵巢、子宫、阴蒂、阴唇、卵子、精子、交配、做爱。

〰〰〰〰〰〰〰〰〰〰〰〰〰〰〰〰〰〰〰〰〰〰〰〰〰〰〰〰〰〰〰

对孩子进行性教育的时机有哪些?

本节核心问题: 你脑海中有关性教育的画面是什么样的?

家庭生活中对孩子进行性教育的时机有哪些?

性教育在大多数人的印象中,可能是这样的一幕——

学校请来一个妇产科医生,然后把所有的学生聚集在一个大教室里,医生站在讲台上播放一个讲课的幻灯片,上面有各种医学专业名词和解释,偶尔还会有几张看上去很可怕的红肿或溃烂的图片。

也可能是这样一幅画面——

在孩子们的羞涩期盼中,科学老师终于要上关于青春期发育的健康教育课了,但老师登上讲台却对大家说:"我看很多同学都已经看了很多遍了,所以这节课我们就改成自习,反正也不考。"

家庭中的性教育又是怎样的状况呢? 首先,孩子的年龄可能是到了一个关键的时间点,比如 18 岁。家长会很严肃地对孩子说:"你长大了,今天我要告诉你一些非常重要的话。"然后,家长会很尴尬、模模糊糊地对孩子说一堆要洁身自好的

"道理"。

也许你会认为，性教育应该像医生看病一样专业，像在学校上课一样正式，像领导会谈一样严肃。但性教育其实还可以是另外一种轻松的形式，比如，我们可以把性教育融入日常生活中，通过点滴小事来对孩子进行知识普及和教育。

以下就是几个可以参考的场景。

场景一

2 岁的孩子问自己的父母："我是男孩还是女孩呀？"家长回答："你是男孩。"孩子点点头，记住了自己是一个男孩。这样一段简单的对话就是性教育。

性教育并不是说家长必须打开一个医学课用的幻灯片，指着生殖器官结构图对孩子说："看，你的身体是这种构造，女孩的身体是那种构造，所以你是一个男孩。"

场景二

有一天孩子指着自己的生殖器问爸爸："这是什么啊？"爸爸回答说："这是你的阴茎。"于是孩子说："原来它的名字叫阴茎啊！"

像这样一段简单的对话也是性教育。再比如，我们在给孩子洗澡的时候，要告诉他不能让人摸自己的生殖器。这样的叮嘱更是性教育不可或缺的一部分。性教育要融入我们生活的点点滴滴，最重要的途径就是我们和孩子的日常沟通。

场景三

孩子和大人一起看电视，电视中出现了接吻的镜头，全家人就开始找遥控器换台。甚至有的孩子也会很自觉地转过头，过一会儿问家长："结束了吗？我可以转过来了吗？"

相信大多数家长面对电视中出现亲密镜头的情况，差不多都尴尬得不知道该怎么办。其实这个时候也是家长对孩子进行性教育的好时机。我们可以先问问孩子知不知道这两个人在干什么，然后告诉孩子这是两个人互相表达喜欢的一种方式，当然前提是两个人相互喜欢，并且是自愿这么做的。如果你喜欢他，他不喜欢你，你就不能强迫他和你亲吻；同样，他喜欢你，你不喜欢他，他也不可以强吻你。我们自然清晰地向孩子解释这种行为，让孩子学会尊重别人，保护自己，就是一次非常好的性教育。

场景四

孩子有时偷看大人洗澡，家长一发现孩子在偷看自己，就很恼火。而有时候我们会和孩子一起洗澡，自己也多少有些尴尬。其实，亲子共浴也是一个非常好的性教育方式。对孩子而言，"因为我要和爸爸妈妈一起洗澡，所以我们会脱掉衣服，看到对方的身体"，这是一件很自然的事情。在洗澡的过程中，孩子自然而然地就看到男性长什么样，女性长什么样，大人长什么样，小孩又长什么样。因为有了了解，他就不会觉得这些部位很特殊，也不会由于过分好奇，而在幼儿园里偷看别人上厕所，或者掀别人的衣服。

有些家长觉得亲子共浴非常尴尬，还担心自己把裸体暴露给孩子看会给孩子留下心理阴影。其实完全不必担心。在孩子眼中，我们的生殖器就像手、脚、鼻子、眼睛一样，只是我们身体的一部分。关于亲子共浴的具体方法后面会专门说。

除了以上几种，生活中还有很多类似的场景是我们对孩子进行性教育的时机。也许以前一遇到这样的场景，很多家长会下意识地想该如何去回避，或者敷衍孩子。但是现在请你仔细想想：为什么我们不抓住这个机会对孩子进行性教育呢？这里的性教育不要求家长给孩子提供多权威、专业的答案。只要你不回避，不敷衍，直面孩子的好奇，真诚地和孩子一起聊聊这个话题，就是最好的性教育。当然，很多家长本身从小到大并没有接受过性教育，有些知识自己也不懂。如果是这样，家长完全可以陪孩子一起去寻找答案，和孩子一起去图书馆看书、找资料，这个陪伴学习的过程比直接给孩子一个答案更有意义。

相信在家长积极面对孩子性好奇的过程中，孩子自然而然会意识到"与父母沟通是我成长过程中了解性的最好渠道"。

你可以尝试

孩子的成长过程中，哪些时刻是你对孩子进行性教育的时机？现在你会如何与孩子沟通关于性的那些事？

家长先有正确的性态度

| 本节核心问题： | 是什么阻碍了我们对孩子进行性教育？
| | 孩子性教育第一步，家长应该做什么？

曾有一位咨询女儿月经问题的家长说她的女儿刚经历月经初潮，月经一直不稳定，经常会痛经。我很耐心地告诉这个妈妈，女孩刚来月经，不稳定是很正常的，因为卵巢还没有发育成熟。当然，还向她提及了很多应对痛经的方法。可是没想到，最后这个家长说了这么一句话："我真想生的是儿子！女儿这样实在是遭罪啊！"当时我心里五味杂陈。

仔细想想，真是可怕！如果这位家长一直是这样的态度，那么她会对自己的女儿产生怎样的影响呢？也许这个女孩这一生都会觉得来月经，甚至身为女孩是一件非常不幸的事情，以致嫌弃自己的性别身份。

与这个家长态度完全相反的是我的一个朋友，她非常重视对孩子的性教育。她女儿5岁的时候，有一次看到了卫生间里带血的卫生巾，就问她："这是什么啊？为什么上面会有血？"她当时就很自然地告诉女儿："这是月经，每个女孩长大以后都会来月经。虽然流血了，但是这并不是病，反而说明妈妈的身体很健康。等你长大了，你也会来月经。这是一件值得庆祝的事情。"

所以我朋友的女儿从小就知道女生长大以后会来月经，她还会在妈妈来月经的时候，贴心地提醒妈妈不能吃冷的东西。而当女儿进入青春期，经历月经初潮的时候，她特别高兴地找妈妈要了一片卫生巾。妈妈也祝贺女儿真正长大了。

这期间还发生了一件让我朋友非常骄傲的事情。她女儿班里有个女同学第一次来月经，那天这个女同学正好穿了一条白裤子，于是她就一直坐在凳子上不敢站起来。朋友的女儿发现以后，立刻将自己的外套脱下来，像裙子一样围在那个女同学的身上。接着她去办公室找女老师借了一片卫生巾，并把同学带去卫生间教她使用卫生巾。之后，朋友的女儿还一直安慰同学说："你来月经了，这是很正常的，说明你长大了，你拥有生小宝宝的能力了，这是一件值得庆祝的事情。"

朋友和我分享女儿的故事时，我非常惊喜。在大多数孩子以为月经是"倒霉事"的年纪里，她的女儿已经懂得给身边的女孩子普及正确的月经知识了。

两个与月经有关的案例，一个是妈妈抱怨女儿来月经实在是太遭罪，一个是妈妈告诉女儿这是一件值得庆祝的事情。从认知层面看，两个女孩都知道什么是月经、自己会来月经，以及来月经的时候要使用卫生巾；而从态度层面看，可以发现，家长不同的态度将对孩子产生截然不同的影响。一个女孩可能一直都会觉得自己很倒霉，不如生为男儿身；另一个女孩则是愉悦地接受了这件事情，还懂得了如何去帮助、安慰别人。

当孩子向家长问出一个和性相关的问题时，很多家长会纠结到底该如何回答，怎样把握回答问题的尺度。事实是，家长自己正确看待性的态度就是最好的性教育。与其纠结如何回答好孩子的问题，不如用自己坦然的、科学的、积极的性态度去影响孩子。

2015 年，中国教育科学研究院在我国 4 个城市，对超过 2 万名家长和他们的孩子做了一次关于家庭性教育情况的调研，试图研究到底是什么阻碍了家长对孩子进行性教育。调研发现：半数以上的家长认为，是"不知道性教育教什么，也不知道怎么教"导致了他们没有对孩子进行性教育；还有超过四分之一的家长认为，自己不好意思和孩子开口谈性，觉得孩子太小，没必要知道这么多。

调研结果显示，家长对孩子进行性教育的最大阻力是他们不知道教什么。不过深入思考一下，我们可以意识到，最大的阻力可能并不是家长不知道教什么，而是家长根本就没打算让孩子了解性。

2017 年 3 月，北京师范大学儿童性教育课题组推出的一套儿童性健康教育读本，在网络上引起了轩然大波。这套读本被发给杭州萧山一所小学里的孩子阅读，看到读本的家长在微博上指责学校的性教育读本尺度太大，感觉学校发的是一本假书。

这套读本中有一个主题是"人的诞生"，直接展示了父母之间发生性行为的画面，另一图片旁边则标注"爸爸的阴茎放入妈妈的阴道"。很多网友都参与了争论：有必要给这么小的孩子讲这些吗？会不会反而引起孩子的性早熟或者过度好奇？

事实上，这套读本已经经过了九年的教学实验。在北京18所民办打工子弟小学，它被作为校本课程教材使用，并且已经有两届学生用这套教材从一年级一直学到了六年级。事实证明，这套读本并未对孩子产生负面影响，相反，接触这套读本的老师、家长和学生大都对其持肯定态度。

面对网友的质疑，课题组后来也给出了回应："每个学期，我们还针对学生进行课前和课后的监测，得到可靠数据，以检查教学效果和性健康教育对学生成长的影响。在性健康教育中，我们也与学生的父母进行了多次交流，并以问卷和访谈的形式征集父母对性健康教育的意见和建议。""九年来，我们已经监测到的数据表明：教师经过系统培训，能够胜任性健康教育教学；性健康教育对学生的成长产生了积极影响，学生非常喜欢上性健康教育课；绝大多数父母支持学校开展性健康教育。"

这套读本针对每个年龄段的孩子分别提供了详细、科学的性教育内容。然而遗憾的是，即便如此，这套读本后来依然被那所小学收回了。

有些人认为说服家长支持性教育的关键是有权威的专家背

书，其实未必。如果在家长的认知里性是洪水猛兽，孩子接触性是危险的，那么即使给孩子提供再科学的性教育，家长也会反对。所以"不知道教什么"可能只是问题的表象，问题的本质是家长对待性的消极态度。"不知道怎么教"只是家长给自己不作为的一个理由。

如果家长认为月经是倒霉的，那么就算我们给家长提供正确的知识，家长对孩子说的一句"真倒霉"，也会瞬间瓦解性教育工作者所有的努力。也许，家长改变自己对待性的消极态度，才是自己对孩子进行性教育的第一步。

你可以尝试 〰〰〰〰〰〰〰〰〰〰〰〰〰〰〰〰〰〰〰〰

思考：从小到大，你对性的态度是什么样的？什么原因导致了你对性的态度是这样的？你觉得自己对待性的态度有可改进的地方吗？如果有，要从哪些地方改进？你认为对待性的正确态度应该是什么样的？我们应该给孩子传递什么样的性态度？

〰〰〰〰〰〰〰〰〰〰〰〰〰〰〰〰〰〰〰〰〰〰〰〰〰〰〰〰〰

如何把握性教育的尺度?

│ 本节核心问题: 如何把握性教育的尺度?
　　　　　　　　　　除了尺度，还有什么是家长更需要思考的?

2017 年，"保护豆豆"和共青团无锡市委员会合作，在无锡两所打工子弟幼儿园，开展为期一个学年的性教育课程。当时听我们讲课的是幼儿园中班的孩子，其中有一节课讲到了生命的起源。我们问孩子是否知道自己是从哪里来的，有一个孩子说他妈妈曾告诉他，他是妈妈充话费送的。

在这节课上，我们告诉孩子，他们是由爸爸的精子和妈妈的卵子结合，变成受精卵，在妈妈的肚子里一点点慢慢长大的。上完课以后，孩子们都很开心，那个孩子一回家就把我们讲的东西告诉了他妈妈。但是这个妈妈听完以后非常紧张，第二天一大早就来幼儿园找园长说:"为什么会有人给我们家的孩子讲这个?"

有一位家长跟我说，她的孩子还在上幼儿园，幼儿园的老师给孩子讲过许多关于儿童性教育的绘本，比如《小威向前冲》《小鸡鸡的故事》《乳房的故事》。她的孩子知道的性知识在同龄人中算多的。他知道精子、卵子的存在，知道自己是怎么来的，对爸爸通过阴茎把精子送到妈妈身体里的过程也很清楚。但这个家长很担心地问我："我的孩子知道得太多了，这会不会导致孩子性早熟？"

这两个家长的问题的共性是大多数家长在考虑孩子的性教育问题时，都会存在的顾虑。真的有必要和孩子说这些吗？孩子知道得太多了会不会性早熟？孩子会不会因为你说了以后反而好奇，做出什么不该做的尝试？

每次面对这样的疑问，我都会先反问这些爸爸妈妈：那孩子学到了化学知识，比如各种化学方程式、元素周期表，你会不会担心孩子知道得太多了，造一个炸药把学校给炸了？

我们在生活中时不时会听说哪里出了一个神童，数学特别厉害，或者哪方面的知识远多于同龄人，觉得这个孩子以后肯定很有出息，但是从来没有人担心他会不会知道得太多了。可由于种种原因，一旦孩子知道了和性相关的知识，家长就开始担心孩子会不会性早熟，会不会受到同龄人的嘲笑，会不会好奇去尝试性行为。

像上一节中我们说的，这些都很直观地反映出人们对于性的态度是相对消极的。他们会觉得孩子过早接触性是一件有风险的事情。但是性知识和其他教育领域的知识一样，只是一门客观存在的知识。接触性知识会给孩子带来怎样的影响，关键还是在于我们有没有把孩子往积极的方向上引导。假如我们在孩子很小的时候就教他怎么用化学知识制作毒药去害人，这样的孩子危害社会的可能性自然会更高；但我们教孩子的是怎么用化学知识改善生活，孩子会从这样的教育中受益，自然也会成为社会栋梁。

性教育也是一样。假如我们从孩子小时候起就告诉他性是肮脏的，那么孩子知道再多的性知识都没用。而如果告诉孩子，性是正常的、美好的，正是因为有了性，才有了我们每个人；通过讲解性知识，让孩子学会尊重别人，理解性别平等，学会保护自己，同时也要注意隐私，这对孩子就是有帮助的。

所以，不必担心尺度问题，不必担心孩子知道得太多，也不必担心性教育会导致孩子性早熟，而是应该想想在对孩子进行性教育时，如何把孩子往正确的方向上引导。

为什么当我们面对关于性的问题时，会特别关注尺度呢？可能在普遍的观念中，性是洪水猛兽。如果不把握好性教育的尺度，性将会像猛兽一样吃掉我们的孩子。其实，性并非一件羞耻、恶心、消极、色情的事情。性可能伴有意外怀孕、性病、性骚扰等消极内容，但更多的是孕育生命、认知自我、健康、愉悦、尊重等积极内容。我们需要以一种更为中正的态度去看待性教育，至少不把它视为洪水猛兽。

有的人可能会认为：关注尺度就是在关注如何教得更好。这两者完全不同。纠结于尺度的家长更多的是纠结这个知识自己讲还是不讲，这个问题要不要回答。而关注如何教得更好的家长，会更多地考虑自己怎么讲孩子更容易理解，从而更好地引导孩子。一个是做还是不做，一个是怎么做能做得更好。这是两个完全不同的方向。

性教育并不是完全不要尺度，更不是无论好的坏的都教，而是需要我们在考虑尺度的时候跳出思维局限，想一想如何能够更好地引导孩子，让他更健康地成长。

后文的讲解主要按孩子成长的年龄段划分，但不绝对。有些问题家长可以在孩子几岁时开始跟孩子提及，也需要根据自己家的情况来把握。

你可以尝试

如果 14 岁的孩子问你"做爱是不是很爽？"，抛开尺度这一思维局限，你该如何回答孩子这个问题，怎样回答能更好地引导他？

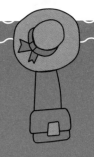

二、从出生开始，
抓住性教育第一个黄金期

0~3岁

0~3 岁：性教育的第一个黄金期

本节核心问题： 如何理解 0~3 岁孩子的性教育？

针对 0~3 岁孩子的性教育，家长该做些什么？

有家长曾问我性教育的最佳年龄段，我可以非常明确地回答：0~3 岁是性教育的黄金期。很多人不能理解——孩子 3 岁不到，话都说不利索，理解能力也有限，家长怎么给孩子进行性教育？

这是因为，性教育并不是一节课，也不是家长对孩子说的一堆道理。家长养育孩子的理念和方式，某种程度上就是对孩子的性教育。

试想，当一个孩子出生的时候，家长得知是个男孩，会给他起一个男性化的名字，如欧阳铁柱，希望这个男孩能像铁柱一样刚强。选玩具的时候，也会给他买诸如变形金刚、刀枪棍棒这些属于男孩子的玩具，希望他勇敢、有男子汉气概。爸爸和儿子之间的互动游戏也往往是比力气，如掰手腕。如果是女孩，家长可能会给她起一个女性化的名字，如慕容秀娟，希望这个女孩能温柔、美丽。选玩具的时候，会买洋娃娃或者毛绒玩具，希望她温柔、会照顾人。妈妈会把女儿打扮得漂漂亮亮的，扎个小辫子，穿一条美丽的裙子，让女儿像一个小公主。

在固有的性别刻板印象中，男孩的衣服偏向于黑色、蓝色、绿色，女孩的衣服则偏向于粉色、红色、紫色。

这些不就是对孩子的性别教育吗？我们可能正在通过诸如此类的举动，培养着孩子的性别气质。尽管我们没有亲口对孩子说男孩应该怎么样，女孩应该怎么样，但是当我们给男孩一把玩具枪，给女孩买一条粉色的裙子时，都是在按刻板的性别印象培养孩子。这样单一性别气质的培养是否足够科学？对孩子的发展是否足够有益？

一位妈妈曾和我分享说，她的儿子2岁多，有时候遇到困难了会找自己哭。这时候奶奶总会对孩子说："你是男孩，又不是女孩，男子汉是不能哭的。"奶奶的这种说法是性别刻板印象的典型代表。孩子不哭，事情难道就解决了吗？阻止男孩哭，男孩就会变成一个顶天立地的男子汉吗？事实是，男孩有软弱的一面，也有情感宣泄的需求，无论男女都会有负面情绪。作为家长，我们不应该简单地去制止孩子哭，不论男孩还是女孩。我们应该试着理解孩子的感受，教孩子把自己内心的情绪表达出来，学会接纳，并且战胜负面情绪。

在孩子的性别教育方面，我们有两个重要目标：第一，帮助孩子认识自己的生理性别，了解自己是男孩还是女孩；第二，打破孩子从社会中学到的性别刻板印象。

心理学研究表明，不到 3 岁的孩子就已经可以带有性别刻板印象了。他们会有这样的想法：男孩要比女孩勇敢，女孩要比男孩细心；男孩可以开飞机，女孩不可以；毛绒玩具是女孩才玩的，男孩不能玩。

而从健康的性教育观出发，不管是颜色、玩具还是性格，都不应该以性别简单粗暴地划分。买什么玩具可以让孩子自己做出选择。假如儿子主动选择了小汽车，那当然可以；如果他想要一个洋娃娃，也是没问题的。男孩玩洋娃娃能够培养他温柔体贴的性格，细腻懂得照顾人的男性在当下已经成为深受欢迎的暖男。假如女儿主动提出想要一个变形金刚，我们也可以满足孩子的愿望，让她去体验做英雄的感觉。一个独立勇敢的女性也将在未来展现出她的魅力。

我们并不是要去颠覆或者扭转孩子的性别气质，不是要把男孩培养得很"娘"，把女孩培养成"女汉子"，而是要父母们在养育孩子的过程中，先仔细听听孩子在想什么、喜欢什么。每个孩子都有自己的个性，家长在养育过程中应该接纳孩子的独一无二。

照料孩子的过程中渗透着我们对孩子的性教育。

在很多家庭中，3 岁以下的孩子几乎天天穿开裆裤，无论男孩女孩，生殖器是完全暴露在外面的。孩子想上厕所了，随便找一个地方就蹲下了。有的家长在给孩子拍照时也不避讳，即使是拍到孩子生殖器的照片也直接发朋友圈，谁都可以来

"欣赏"。

而在有些家庭中，家长会给孩子穿纸尿裤，在公共场所需要换纸尿裤时会去卫生间，实在没有条件，也会找个没人的角落。家长给孩子洗澡的时候也会关上门。

家长对孩子隐私的保护和尊重也是一种性教育。你或许没有告诉孩子哪些是隐私部位，但保护孩子隐私的举动透露出来的就是态度。在这种潜移默化的影响下，孩子也会意识到自己的隐私需要被保护。

对3岁以下的孩子，我们没办法教他如何预防性侵害，就算孩子掌握了各种正确的知识，真正遇到危险的时候，他也没有能力保护自己。父母只能尽可能地把安全问题考虑得周全一些，而不能指望孩子自己去机智地与坏人做各种周旋。看到关于性侵害的新闻，我们可以反思一下自己在对孩子的保护方面是否有欠缺，比如是否提醒过孩子他不能与一个不信任的异性单独相处。

对父母来说，孩子0~3岁的阶段是一个很好的缓冲期。再大几岁，他可能会问出更多让父母不知所措的性问题。利用缓冲期做好思想上的准备，可以让父母更好地迎接接下来的挑战。

所以我们说，从孩子出生的那一刻起，性教育就已经开始了，0~3岁是孩子接受性教育的黄金期。这里的性教育并不是指我们对孩子说了什么，而是我们对孩子做了什么，我们在用什么样的方式养育孩子。

有问必答

提问：

前几天我和朋友们吃饭时一起看了 QQ 相册里儿子小时候的照片。当时儿子就在旁边，他看到自己的照片很多都是光屁股的，笑着说："哎呀，不要看了，都看到我的宝贝了。"一个朋友问儿子："小宝，你的宝贝在哪儿？"儿子回答："我的小鸡鸡就是我的宝贝，以后和我老婆生孩子用的。"全桌人都笑翻了，笑过之后，这个话题就没人提起了。老师，您觉得我还需要再说什么吗？

回答：

孩子说得很好。既然孩子已经因为害羞不让别人看自己小时候的裸照了，家长以后就不要再分享这些照片给朋友看了，QQ 相册里的照片也加密吧。

你可以尝试

　　回忆自己养育孩子的过程，想想哪些说过的话、做过的事是对孩子的性教育。

教孩子认识自己的生殖器

| 本节核心问题： 当孩子探索自己的生殖器时，
家长应该如何引导？

有一位家长告诉我，她1岁8个月的儿子最近特别喜欢玩自己的生殖器，尤其是刚洗完澡的时候，又是拉，又是拽，玩得不亦乐乎。她就对孩子说："不要再拉啦！会拉坏的。"但是说了也根本没用，孩子还是喜欢玩。

相信很多家长都会发现一个现象：孩子在3岁前有一段时间对自己的生殖器特别感兴趣。男孩会一直玩自己的生殖器，还会很高兴地告诉家长里面有两个球。女孩也会抠自己的外阴，只要纸尿裤一脱，立马就伸手去抠。

看到孩子有这样的行为，家长大多会特别焦虑，感觉孩子摸生殖器不好。于是，有一些家长就会对孩子说："不要再拉啦！会把小鸡鸡拉坏的。"还有一些家长则更加简单粗暴，直接通过拍打孩子的手来阻止孩子。

其实，孩子出现这样的行为是非常正常的。随着认知的发展，这个年龄段的孩子会自然而然地不断探索自己身体的各个部位。他会摸自己的耳朵，也会摸自己的鼻子，会摸任何一个他能摸到、带给他新鲜感的部位。这是孩子认识自己身体的一个过程。有一天，他摸到自己的生殖器，会开始研究这个东西到底是什么，于是，一段时间内他就会不断地去摸去玩。当他彻底认识这个器官，新鲜感过去时，自然就会转而探索更多其他未知的东西。

很多家长认为孩子摸生殖器的行为非常不好。在他们的错误认识中，生殖器是一个泌尿器官，是不干净的，同时生殖器又是性器官，是令人羞于启齿的。但是，阻止孩子的做法是错误的。长此以往，孩子发现只要自己摸生殖器，就会引来家人的阻止、责骂或拍打，他就会开始感到焦虑，认为生殖器不是一个好东西。这个第一印象会一直潜伏在潜意识中，让孩子对生殖器有一个不好的印象。

那么作为家长，应该如何去引导孩子呢？很简单，就是不要去管他。当作没看见，让他去摸就是了，等他自然而然地充分认识自己的生殖器。这种时候越是干预，孩子反而会越好奇和着迷。在孩子眼里，生殖器和身体的其他器官一样，都只是身体的一部分。他只是恰好这几天发现了这个器官，对此感兴趣而已。孩子的这种行为本身没有任何问题，有问题的可能恰恰是我们成年人看待生殖器的眼光。

有的家长担心：万一孩子把阴茎拉得老长，拉坏了怎么办？有这种担心的家长大可放心，孩子真没有那么大力气能把自己的阴茎拉坏。

还有的家长担心：万一孩子一直摸，因为手脏而摸生病了怎么办？解决方法也很简单，就是给孩子勤洗手。

我遇到过一位家长，当时她的孩子年龄在 2 岁左右。她和孩子反复说了好多次不能摸生殖器，孩子根本听不进去。后来她意识到这是孩子探索身体的过程，索性拿了一面小镜子放在孩子的生殖器下面，让他能够更加清楚地看到自己的生殖器，并且还告诉孩子："这是阴茎，这是阴囊。"刚开始的几天，孩子很高兴，因为父母此前一直阻止他，不让他玩，现在允许了。孩子开心得天天玩，嘴里还会时不时冒出"阴茎""阴囊"这些词。没过几天，兴奋劲儿就过去了，孩子不玩了，也不天天念这些词了。这件事很自然地过去了，孩子认识了自己的身体，家长也不再焦虑。

对孩子的性教育很多时候就应该这样，与其阻止、回避，不如大大方方地解答孩子的疑问。好奇心得到了满足，孩子反而不会出现更多让人担忧的行为。很多时候恰恰是父母的回避和隐瞒激发了孩子的过分好奇。

有问必答

提问：
孩子昨天问我小鸡鸡里面的两个蛋蛋是什么，我该怎么说？

> **回答：**
>
> 告诉孩子，这两个蛋蛋是睾丸。它是男孩身体非常重要的一部分，要保护好它，不要让别人伤到它，不然会很痛。

你可以尝试

准备一张白纸，在纸上临摹出男女的裸体以及生殖器的结构，并引导孩子认识自己的生殖器。

性教育中应该用科学名词，还是用俗称？

本节核心问题： 为什么鼓励家长在对孩子进行性教育时，用科学名词而不是俗称？

2017 年初，我曾受邀在一个性教育主题沙龙上做分享。分享结束后，有一位家长提问："老师，您今天告诉我们要把'阴茎''阴道'这样的词教给孩子。但是真的有必要吗？孩子能记住吗？我觉得平时生活中用'小鸡鸡''小鸭鸭''小咪咪'挺可爱的，万一孩子在公共场合讲出'阴茎''阴道'这样的词也不合适。万一我们家孩子讲'阴茎'，其他小朋友讲'小鸡鸡'，孩子被其他小朋友嘲笑怎么办？"

相信这个家长的疑问也是大多数家长纠结的问题，日常生活中我们对孩子进行性教育时真的需要使用科学的词语吗？

每当被问到这个问题，我都会反问："在今天这场活动中，我多次使用'阴茎''阴道'这样的词，给你什么样的感觉呢？"绝大多数家长都会说："很科学。"其实对孩子进行性教育的时候，如果你说出这样的词，给孩子的感觉也会是很科学。也许孩子年龄小，还不能具体感知，但是你自己能够感受得到。你会在心里告诉自己，自己是在用科学的态度、科学的知识对孩子进行性教育。这种暗示在某种程度上是在给自己支持。

你以为孩子记不住这些词，但不管是"阴茎"还是"小鸡鸡"，对孩子而言都是一个新词，从知识的角度来说，孩子都能记住这个部位叫什么名字。

我们发现很多幼儿园的孩子对于生殖器的认识就是"下面"和"屁股"。试想如果性侵害者摸孩子的外阴或阴道，孩子却只知道"下面"和"屁股"，那么孩子很难在警察的帮助下维权。甚至有一天孩子对家长说"他摸了我的屁股"，家长可能都意识不到孩子的这句话意味着什么。

有一个真实的例子，一个女孩被老师性侵。因为家人从她小时候就一直用"娃娃"来指代生殖器，所以当她第一次对家人说"老师摸我的娃娃"时，父母真的就以为老师摸的是孩子的玩具娃娃。这导致孩子被性侵的事情很久之后才被家人发现，造成了孩子长时间地遭受了本可以及时被制止的性侵害。

只有孩子准确地说出生殖器的名字，家长才能在关键时刻察觉出到底发生了什么。

很多家长可能还会担心：万一孩子在公共场合说出"阴茎""阴道"这样的词，会很尴尬。可是，请再想想：难道孩子在公共场合说出"小鸡鸡""小咪咪"这样的词就不尴尬了吗？性教育不仅仅是性知识的教育，还包括社会规范的教育。我在给孩子们上课的时候会告诉他们："'阴茎''阴道'是科学的词语，它们是我们身体的普通部位。但是平时在生活中，人们不喜欢在公共场合随意说出这些词。为了尊重别人，我们也应该尽可能不在公共场合或别人面前提起这些词。"

在性教育中，我们完全可以把自己的担忧和建议告诉孩子，孩子了解以后自然就明白如何把握分寸。如果你觉得就算你告诉孩子，孩子还是会不听话，会随意地在公共场合说这些词，那么这可能不是性教育的问题。也许你应该反思自己的建议为什么不被孩子采纳。或许不仅这个建议孩子不会听，你给孩子的其他建议，他也不会听。

至于孩子会因为说"阴茎""阴道"这样的科学用词而遭到其他同学的嘲笑，则可能完全是成年人的臆想。

有一次，我给小学四年级的孩子上课，课堂上我指着课件中生殖器构造图上的阴茎问："你们知道它科学的名字叫什么吗？"一个孩子站起来说："老师，它科学的名字叫阴茎。"全班同学哈哈大笑。看到这里，你也许会认为：看，孩子就因为说了"阴茎"而被同学嘲笑了。

再说说我第二次去上课的情况。依然是这个问题，有一个孩子站起来回答："老师，它的名字叫小鸡鸡。"班里的所有同学也都笑了。后来我再去上课，每次问到这个问题，不管孩子回答的是不是科学的名称，同学们都会笑。这里的笑是嘲笑吗？并不是。这里的笑是因为孩子说了"阴茎"吗？也不是。孩子们不是因为有人说了"阴茎"哄笑，而是因为有人说了一个大家平时都不好意思提及的词语才笑。

因此，家长们大可放心，我们成年人之所以觉得孩子会被嘲笑，是因为在我们眼中"阴茎"这类词是特殊的，性是敏感的。事实是，我们完全可以大大方方地用科学的词，教孩子认识自己的生殖器。如果你连"阴茎""阴道"这样的词都说不出口，又该怎么去和孩子进行更多的性话题沟通？

有问必答

提问：
女儿4岁半，问我为什么用来尿尿的部位中间有个缝，我不知道怎么回答。我有两方面的疑虑：一是她对词语很敏感，我告诉她"阴道"，她一定会问这是做什么的；二是我担心她知道"阴道"这个词后会在幼儿园也提起，从而引来小朋友和老师的异样目光。

回答：
首先，孩子对词语敏感的话，不论你说"阴道"还是"小妹妹"，她都会问这是做什么的。所以，不如简单直接地回答孩子，阴道也叫产道，是生小宝宝的，小宝宝就从这条通道里面出来。其次，如果担心孩子会在其他小朋友面前说这个词，就告诉她：这些词很普通，但是人们不喜欢别人在自己面前随意提起这个部位，会觉得对方没礼貌，我们要照顾别人的感受，不能随意说。就像"拉大便"，这很重要，每个人都要拉大便，但是人们不喜欢在吃饭的时候提起这个词，会觉得随意提起的人没礼貌。

你可以尝试

晚上睡觉前和孩子一起阅读绘本《小鸡鸡的故事》，并且告诉孩子：除了"小鸡鸡"，它还有一个科学的名字叫"阴茎"。

培养孩子良好的生理卫生习惯

本节核心问题： 什么时候开始培养孩子的生理卫生意识？
家长如何在孩子 3 岁前，帮助其建立
生理卫生意识？

以我自己为例，我是爷爷奶奶带大的，小时候奶奶会非常耐心地教我洗澡的时候如何搓身上的泥，如何洗腋窝、手腕、脚踝等容易洗不干净的部位。唯独生殖器这个部位她从来没有教过我如何清洗，原话是"用水冲下就好了"。仿佛这个部位不存在一样。

相信不仅是我的奶奶，很多家长都是这样的。我们会很耐心地教孩子如何清洗自己的身体，却自动跳过生殖器这个部位。

有一位家长在向我咨询时说，有一天她在清洗 12 岁女儿的内裤时，发现内裤上沾了白色的东西（白带）。她对女儿说这是正常的，之后就没再进行具体解释。而她的女儿从小并没有每天清洁阴部的习惯，有段时间还总隔着裤子挠私处。于是，这个妈妈就问我该怎么对她女儿讲青春期的生理卫生问题，要不要给女儿买抑菌的洗液。

这个妈妈肯定知道白色的东西是白带，也知道如何清洗生殖器。但就是因为自己对性的羞耻感，她既不好意思和女儿解释什么是白带，也不好意思教孩子要每天清洗生殖器，甚至还纠结要不要让孩子用洗液。

其实，作为妈妈，给自己的女儿解释什么是白带有什么不好意思的呢？每天清洗生殖器、勤换内裤，本来就是要从小教给孩子的基本生活习惯。太多的家长在孩子小的时候不教，等孩子长大了，又不好意思教，都是出了问题才开始求助。良好的生理卫生意识和习惯是孩子从小就需要养成的！

不管是外阴洗液还是阴道清洗液，未经医嘱，都不要擅自使用。对于女性的生殖器，平时用温水清洗就可以了，而且也主要是清洗外阴，包括大阴唇、小阴唇和阴阜。阴道里面不需要清洗，因为阴道自己会分泌酸性液体杀菌，冲洗了反而会破坏阴道内的酸碱平衡。我经常会这么向孩子比喻：大阴唇和小阴唇就像两扇门，阻挡脏东西进入阴道。但是脏东西会留在这两扇门上，所以我们每天都要用温水清洗外阴。

女性的阴道口和尿道口位于肛门前面，为了避免清洗时把肛门口的粪便带到阴道口、尿道口引起感染，建议清洗外阴的时候，从前往后清洗。大小便之后也从前往后擦。

不仅女孩需要有良好的生理卫生意识，男孩也同样需要。之前还有一个妈妈告诉我，她的大儿子7岁了，总是包皮发炎。我问她有没有对孩子讲过男孩要每天清洗自己的阴茎。妈妈解释说自己是女性，也不懂，就让孩子爸爸去讲，但是爸爸从来没向孩子讲过。

那么到底什么是包皮呢？包皮位于阴茎的前端，是包住阴茎头的双层游离的环形皮肤皱襞。外层与阴茎皮肤没有区别，内层形似黏膜，并邻接在阴茎头表面，于阴茎冠状沟移行为阴茎头皮肤。

包皮曾对原始人类裸露的阴茎起到了良好的保护作用，随着人类社会的进步与人类文明的发展，当人们穿上内裤和外裤后，包皮阻挡蚊虫叮咬等外界侵害的作用变弱，但包皮可以保持阴茎头的温度，并分泌溶菌酶等有助于抗细菌和病毒的物质。但是包皮由于自身形态的问题，容易藏污纳垢，清洁不到位，容易引发细菌感染，进而引发其他问题。

近几年，有不少家长开始带孩子去割包皮。事实上包皮不一定非要割。只要孩子养成良好的清洗习惯，包皮过长不一定会对孩子的身体产生负面影响。如果是包茎，则需要在医生的帮助下进行包皮手术。至于如何判断孩子是包皮过长还是包茎，最好的办法是及早去医院检查。

清洗生殖器的习惯，不管男孩还是女孩都要从小养成。父母教孩子洗澡的时候，就可以顺便教孩子如何清洗生殖器。妈妈可以向女儿展示自己是如何清洗自己的外阴的，爸爸也可以向儿子展示自己如何清洗自己的阴茎。

不管是男孩还是女孩，清洗生殖器的方法都特别简单。女孩每天用温水清洗外阴，清洗大阴唇和小阴唇即可。男孩每天翻开包皮，用温水清洗龟头和阴茎冠状沟上的分泌物即可。清洗的操作都很简单，最关键的还是家长要有教孩子清洗生殖器的意识。这样，良好的生理卫生习惯将会伴随孩子一生！

有问必答

提问：

阴道里面到底要不要洗？我家女儿 23 个月，阴道处闻起来总是有臭味，去医院体检，医生看了也没说什么。

回答：

阴道里面不需要清洗，如果有异味，每天清洗女孩的外阴。

你可以尝试 //

就在阅读这些内容的当天，把这节关于如何清洗生殖器的知识分享给孩子，引导孩子养成每天清洗生殖器的好习惯吧！

//

孩子爱摸妈妈的乳房怎么办？

本节核心问题： 孩子为什么会对妈妈的乳房特别感兴趣？
不同行为背后的诉求是什么？
面对不同的原因，家长应该采取怎样的
应对方法？

被孩子摸耳垂或者摸肚子，父母一般都不会太尴尬，但如果孩子摸的是乳房，还是儿子摸妈妈的乳房，则会让许多父母感到焦虑。毕竟，在大众眼中，乳房是女性的隐私部位，还是性器官。当乳房被孩子触摸时，妈妈心里总归会有些尴尬。

其实在古代，乳房和性并没有十分必然的关联，乳房最主要的作用还是哺乳。唐朝的贵族圈层流行过袒胸装。人们在公共场合看到母亲给孩子哺乳也并不会联想到性。

在孩子眼中，妈妈的乳房和性可以说是没有关系的。

一位妈妈向我咨询，她的孩子离乳后，在睡觉的时候习惯摸她的乳房。经过一段时间，她决定制止孩子这种行为，开始拒绝孩子在睡觉的时候摸她的乳房，没想到孩子又哭又闹。最后实在没办法，她心一软，就又让孩子摸了。到后来孩子离乳已经一年多了，依然有摸妈妈乳房的习惯。

这并不是个例，孩子的这种行为也不是什么怪癖。我们来看看孩子摸妈妈乳房行为的几个主要原因。

第一，孩子缺乏安全感。

他希望通过摸乳房来获得安全感。每当婴儿饿哭的时候，乳房就会出现，给他奶喝，而且乳房摸起来暖暖的、软软的，很舒服。所以不难想象，孩子长大些后在潜意识里还是会很渴望这种幸福的感觉。尤其是当他感到焦虑和紧张的时候，会下意识地通过摸乳房来重温那种安全感。

第二，孩子把摸乳房的行为看成自己和妈妈表达亲密感情的方式。

摸着妈妈的乳房，孩子的感觉会非常好，觉得自己和妈妈之间特别亲密。所以，和妈妈一起睡觉的时候，孩子就特别喜欢摸妈妈的乳房。妈妈抱孩子的时候，孩子也会下意识地去摸妈妈的乳房，他们还没有能力去注意是在公共场合还是在私密空间。

第三，习惯。比如，孩子从小就一直摸着妈妈的乳房睡觉。

有时候没有和妈妈一起睡觉，孩子也睡得着，只是睡在妈妈旁边的时候就会习惯性地伸手摸乳房，而且和爸爸、爷爷、奶奶一起睡的时候，也会习惯性地去摸他们的乳房。

第四，好奇。

现在有很多两孩家庭，妈妈给小宝喂奶的时候，如果被大宝看见了，大宝就会很好奇，有的大宝甚至会提出："我也要喝一口。"遇到这种情况，很多妈妈会因为不好意思而拒绝。但我们的建议是妈妈可以让孩子喝一口。孩子喝了以后觉得不好喝，也就不好奇了，家长完全可以给孩子一次探索和体验的机会。

另外，随着认知能力的发展，孩子可能开始意识到男性和女性的身体是有区别的。妈妈的胸部比较大，孩子会对妈妈的胸部感到好奇，于是就会通过触摸妈妈的乳房来一探究竟。

那么面对孩子摸乳房的行为，家长应该如何引导呢？

我们首先要判断到底是什么原因让孩子想摸乳房。

如果孩子是缺乏安全感，希望通过摸乳房来获得安全感的话，家长应该反思自己对孩子的照顾是否到位，妈妈和孩子之间爱的表达和陪伴是否足够。随着孩子的成长，他会逐渐意识到并不是乳房在照顾自己，而是妈妈这个人在照顾自己，是妈妈给了自己安全感。他会逐渐摆脱对乳房的依恋，将依恋转移到妈妈身上。当他和妈妈待在一起的时候，即使不摸乳房，他也觉得安心，觉得自己得到了很好的照顾。

最重要的是，家长给孩子安全感并非只有让孩子摸乳房这一种方式。父母可以和孩子待在一起，陪孩子玩耍，跟孩子对话，等等。任何高质量的陪伴都可以给孩子安全感。妈妈与孩子建立起真正的依恋关系，孩子的这种行为会自然地消失。

如果孩子把摸乳房的行为看成和妈妈之间亲密关系的表达，或者是一种习惯，家长则可以和孩子进行沟通，告诉孩子妈妈是爱他的，同时多给孩子一些拥抱，让孩子通过你和他的接触来学会其他表达亲密的方式。

并且我们应该帮助孩子意识到：即使是他与妈妈之间，也应该保持一定的身体界限；乳房是妈妈的隐私部位，妈妈不喜欢别人随便摸自己的乳房。

如果孩子摸乳房的行为确实让妈妈觉得不舒服，晚上睡觉时，妈妈不妨把自己的感受告诉孩子。妈妈可以让孩子用其他自己能接受的行为来替代摸乳房，如握着妈妈的手入睡等。等孩子习惯以后，家长再帮助孩子将这种依恋转移到玩偶之类的替代物上。最后，孩子甚至可以脱离替代物安然入睡。这是一个循序渐进的过程，大人最好不要要求孩子立刻改变，而是帮助他逐渐转变。在这个过程中，孩子最需要的只是家长的耐心。

如果孩子摸妈妈乳房的原因是好奇，比如离乳后，孩子本来没有摸妈妈乳房的习惯，某一天突然开始摸。家长可以给孩子一个摸的机会，但同时最好和孩子沟通，问问他为什么想摸，也可以向孩子介绍："你小时候就是喝妈妈乳房里的奶长大的。但是当你长大以后，里面就没有奶了。"第二次孩子再来摸，家长就向孩子表达自己的感受，告诉孩子："你现在长大了，摸妈妈的乳房会让妈妈觉得不舒服。乳房是隐私部位，妈妈不喜欢被别人摸。"孩子仅仅是好奇的话，当他有机会认识乳房，也知道了妈妈的感受以后，自然会停止摸乳房的行为。

相信很多孩子在被妈妈拒绝的时候，都会表现出抗拒和难过，甚至又哭又闹。这时候妈妈一定要下定决心，温柔且坚定地拒绝。既要和孩子有良好的沟通，了解孩子的诉求，通过其他方式来逐渐调整孩子的行为；同时也应该意识到既然要孩子停止这一行为，就必须坚定地执行决定。这样的拒绝一定不会给孩子造成多大的打击。给孩子安全感的方法有很多，不一定要靠乳房。如果只能靠乳房给孩子安全感，这段照料关系显然是不堪一击的。

有问必答

提问：

我女儿2岁半了，只要我在她身边她就要摸摸乳房，不过只限于家里，且主要是在睡觉的时候。我想她是不是在寻求安全感，打算买一个娃娃替代乳房的角色。我也对她说过这是妈妈的小秘密，不能随便摸。但她说这是我们俩的小秘密，宝宝可以摸。我又告诉她等她3岁生日那天开始就不能摸了，她也答应了。不知道3岁时，她能不能做到。我该怎么引导她呢？

回答：

孩子喜欢摸妈妈乳房的原因有很多，比如好奇、缺乏安全感、表达与妈妈之间的亲密，以及从小养成的习惯。根据你的描述，我觉得表达与妈妈的亲密和已经形成习惯的可能性比较大。如果你确实觉得不舒服，可以和孩子沟通，告诉她，她摸着你的乳房睡觉，你会觉得不舒服。你很爱她，她可以抱你，这样你也会觉得很幸福。之后，温柔且坚定地拒绝孩子。不通过严肃的批评和打骂来制止，而是温柔地告诉她，你会不舒服。孩子坚持一个晚上不摸以后，及时表扬孩子，建立正向反馈。

你可以尝试 〰〰〰〰〰〰〰〰〰〰〰〰〰〰〰〰

如果你的孩子有摸妈妈乳房或类似的行为，请仔细观察孩子，思考他为什么会有这样的行为，思考孩子这一行为背后的诉求是什么，自己应该如何与他沟通。

〰〰〰〰〰〰〰〰〰〰〰〰〰〰〰〰〰〰〰〰〰〰〰〰〰〰〰〰

与老人的养育观念不同怎么办?

| 本节核心问题: | 与老人的养育观念有冲突时怎么办?
如何带动爸爸参与到性教育中?

我们做过一次调查,问大家都遇到过哪些和老人之间产生的育儿冲突(特指性教育)。有一位家长说,她婆婆洗完澡在家里光着上身,只穿一条内裤,而孩子就在客厅看着。还有一位家长分享说,奶奶在带孩子的时候,会让孩子摸自己的乳房,甚至会让孩子含着自己的乳头入睡。

近几年一个新的冲突也越来越明显:到底是给孩子穿纸尿裤还是让孩子穿开裆裤?很多老人觉得穿开裆裤方便,孩子他爸从小就是这么穿的。而年轻的家长则认为穿开裆裤既不尊重孩子的隐私,也难以保证生殖器的卫生。

我们发现,在养育孩子的过程中,年轻家长和老一辈的父母在很多方面都有冲突,再加上婆媳关系对大多数人而言一直是一件令他们头痛的事,问题就来了:当我们和老一辈人在育儿观念,尤其是性教育观念上产生冲突的时候,应该怎么办呢?

我们可以从感受入手。在性教育中，有一个重要的概念叫感受。性教育非常鼓励孩子表达自己的感受。同样，家长也需要学会表达自己的感受。当奶奶在家只穿内裤的行为让妈妈觉得别扭时，妈妈就可以向奶奶表达自己的感受和担忧。奶奶得知妈妈的感受，自然会注意自己的言行举止。当奶奶让孩子摸自己的乳房时，妈妈也可以表达反对意见，让奶奶知道妈妈对此不支持的态度。

当然，这样的沟通建立在两代人关系良好的基础上。有的妈妈可能会说："我要是对婆婆表达自己的感受，她以后肯定整天故意这样来气我。"如果真是这样，我们建议还是想办法尽量和婆婆分开住为好。

当然，学会表达感受并不表示要不留情面地批评老一辈，指责对方的各种不是。老一辈人来帮助我们带孩子是一种奉献，我们应该尊重他们。年轻父母要寻找一种既能表达自己的感受，又不会让老一辈觉得没面子、被羞辱的做法。比如，可以找医生或者专家给出建议和指导。

另外，对妈妈来说，有一个最关键的人物一定要争取，那就是爸爸。妈妈要先说服爸爸，让爸爸站在自己这边。因为有些话由爸爸对爷爷奶奶说肯定会更好。

首先，千万不要放弃你家爸爸。他可能很懒，让他带孩子你是不放心，但是你千万不要大包大揽，什么活儿都自己干。在育儿的过程中，一定要让爸爸有参与感。大事你不放心，小事可以多让他干。比如，让他接孩子放学，陪孩子洗澡，周末陪孩子玩一会儿游戏。感情本来就是需要培养的，爸爸和孩子有越多的交流互动，越是能够培养出感情，之后爸爸的主动性也就越高。

其次，把他当成"孩子"。他每参与一件育儿的事情，妈妈都可以不吝啬地夸夸他，多表扬他。当他在老人面前替你说话的时候，你在私底下要告诉他："你今天说的话我特别感动，谢谢你替我说这些。"

有问必答

提问：

家里老人认为女儿应由妈妈来打点一切，女儿的性教育爸爸不用参与。我该怎么邀请家人一起对孩子进行性教育？

回答：

这个问题的关键倒不一定是如何与长辈沟通，而是爸爸到底想不想对孩子进行性教育。如果爸爸也重视对孩子的性教育，就算老人说再多，爸爸都会坚持去做；如果爸爸本来就不想对孩子进行性教育，那老人的话只是爸爸的借口。所以，与其说服老人，倒不如说服孩子的爸爸。

你可以尝试

想想你会如何说服爱人和父母一起对孩子进行性教育。

关于亲子共浴

本节核心问题： 亲子共浴的好处是什么？
孩子多大年龄可以亲子共浴？

一位妈妈向我咨询说："我的儿子 3 岁，最近不知道怎么回事，他突然对父母的身体特别好奇。有一次我在洗澡，洗到一半的时候发现孩子悄悄打开了门，正从门缝往里瞧。当时我对孩子说妈妈在洗澡，让他去找爸爸玩，并且立刻把门反锁了。这时候孩子却不乐意了，在门口使劲敲着门喊'我要看妈妈洗澡'。我还发现他爸爸洗澡的时候，他也想看。请问遇到这种情况应该怎么办？"

除了孩子要看父母洗澡，我也曾经遇到家长告诉我："我的女儿 2 岁多，最近只要她爸爸上厕所，她就一定要站在面前看。爸爸不让看她就哭，导致孩子爸爸每次上厕所都像做贼一样。"

为什么孩子会对他人的身体感到好奇？

孩子开始逐渐对自己的身体或者别人的身体感到好奇，从心理发展的角度看，孩子进入了一个自我认知的重要阶段。他会去了解自己的身体，同时也会逐渐意识到人和人的身体有许多细节上的不同，从而做出一系列的探索行为。他们会先从自己熟悉的家人身上寻找答案，选择观察甚至触摸父母的身体。

4 岁以前孩子的心理发展还没有达到能意识到社会规范存在的程度，所以有时候即使父母告诉孩子不可以看，孩子也听不进去。这个阶段的孩子自我意识非常强，往往以自我为中心，不会过多去考虑父母的感受，更无法理解人们需要遵守的一些社会规范。

当我们发现孩子出现上述行为，一定要意识到：孩子的好奇心并不会因为父母的回避和责骂而消失。当他们知道父母不会满足自己的好奇心时，很可能会转而去"探索"其他人，比如家里的其他小朋友或者幼儿园的同学。因此，家长最重要的任务是尊重孩子的认知发展规律，主动解答孩子的疑问，并且帮助孩子完成他的认知发展任务，而不是去阻止孩子探索。

亲子共浴就是一个非常好的方法。在孩子看来，与父母一起洗澡是一件很自然的事：因为我要和爸爸妈妈一起洗澡了，所以我和爸爸妈妈会脱光衣服，我们会看到彼此的身体。孩子并不会觉得不适。在和父母共浴的过程中，孩子自然而然就知道了男人长什么样，女人长什么样，小孩子长什么样。当他知道了自己和异性的身体区别以后，好奇心得到了满足，也就不会做出让父母或者别人感到尴尬的事情。

孩子与父母共浴时问出尴尬的问题怎么办？

亲子共浴能够营造一个非常好的性教育氛围。孩子在亲子共浴的过程中可能会问出很多关于性的问题，家长现场就可以回答。

在亲子共浴时，如果孩子问：为什么爸爸妈妈长得不一样啊？

家长可以这样回答：因为爸爸是男人，妈妈是女人。男人会长成爸爸这个样子，女人会长成妈妈这个样子。男人和女人最明显的区别就是这样。

如果孩子问：那为什么我和爸爸妈妈长得不一样？为什么妈妈的乳房这么大？

家长可以这样回答：等你长大了，你也会长成爸爸/妈妈这样。就像爸爸妈妈现在是大人，个子比你高很多。每个女孩长大了，乳房都会变大。这是我们身体美好的变化。

孩子不像成年人那样会用有色眼镜看待裸体。对孩子而言，生殖器像手一样，就是身体普通的一部分。

当然，亲子共浴是比较考验家长的。成年人在把自己的裸体展示在别人面前时可能都会觉得尴尬。在亲子共浴之前，首先，家长自己需要抱有坦然的性态度。家长要先接纳这件事情，信任亲子共浴的做法。其次，家长要接纳自己的身体，这样才能向孩子传递"无论高矮胖瘦，身体都很美好"的态度。

相信很多人刚开始亲子共浴的时候都会感到不自在，但是回头想想：与爱人第一次一起洗澡时，我们是不是也感到不自在甚至害羞？但是次数多了以后，我们就淡定了。所以，洗多了就习惯了，习惯了就不尴尬了。

但是，我们经常会听到妈妈说："爸爸实在不好意思，接受不了亲子共浴怎么办？"那也不需要强迫爸爸，如果爸爸实在不愿意，也要尊重他的感受。

亲子共浴时教孩子什么？

亲子共浴是一个很好的性教育方式，自然且真实。当然，性教育倡导的亲子共浴，也绝对不是简简单单地洗一次澡就能大功告成，而是在这样的场景下，家长可以更轻松地帮助孩子认识自己和异性的身体，了解两性身体的区别，同时帮助孩子接纳自己的身体，不把身体的某个器官看成羞耻的部位。在亲子共浴的过程中，家长要自然地向孩子展示如何清洗自己的生殖器，让孩子养成受用一生的好习惯。

亲子共浴中最难的并不是家长对孩子说什么，而是家长自己的态度。我们能不能像孩子一样把生殖器看成普普通通的部位？如果家长发现孩子对异性的身体感到好奇，也可以利用亲子共浴来让孩子的好奇心得到满足。

亲子共浴适合多大年龄的孩子？

关于这个话题的争议可谓非常多，这里列举常见的三种。

第一种说法是 3 岁前。持这种观点的人认为 3 岁以后的孩子开始有性别意识，就不再适合亲子共浴了。

第二种说法是共浴不超过 3.3 岁，帮洗不超过 4.7 岁。为什么会有小数位呢？这是美国心理学家、精神病医生、儿童保护组织给出的建议的平均值。

第三种说法是不超过 6 岁，这是我们"保护豆豆"提出的建议年龄。

这三种说法的前提是都承认亲子共浴在性教育中发挥的积极作用：以父母的身体为教材，自然地帮助孩子认识异性的身体、男女的区别。

我们来分析一下这些说法。

3 岁前合适，3 岁以后不合适的这个说法我们不是特别认同，原因是很多孩子 3 岁前对异性的身体并不会很好奇，大多数孩子在幼儿园阶段才开始好奇。这也是幼儿园经常会出现孩子看异性上厕所情况的原因。

如果孩子从小和父母一起洗澡，到了幼儿园自然不会对异性的身体感到好奇。但是在大多数没有性教育意识的家庭里，孩子出现好奇时已经过了 3 岁。根据我们服务的实际经验来看，4~6 岁的孩子绝大多数都不会对异性的身体感到不适，虽然会有害羞的表现，但是对这个年龄段的孩子来说，亲子共浴依然是一种非常自然的状态。

另外，孩子并不是 3 岁以后才开始有性别意识。儿童发展心理学的实验表明：4 个月的婴儿就可以在感知觉测试中将男性与女性的声音、照片进行匹配。近 1 岁的婴儿就能够通过女性拥有长头发的特点区分男性与女性的照片。所以，孩子并不是在 3 岁以后才开始发展出性别意识。

就第二种平均 3.3 岁的说法而言，首先平均值只有在群体统计上才有意义，对个体而言参考的意义是有限的。举个例子，青春期女孩平均来月经的年龄是 11.7 岁，但对于任何一个女孩来说，这个 11.7 岁都并没有太大的意义，仅仅是一个数学统计的数字。可能有的女孩 9 岁来月经，有的女孩 16 岁来月经。

而且美国是一个在儿童保护方面近乎苛刻的国家，成年男性在手机内保存非亲属孩子的照片都可能面临控诉。即使是亲子间的共浴，受到的环境压力也很大，在这样的文化影响下，他们给出的共浴的年龄值很有可能偏低。

最后说说为什么我们倡导亲子共浴的年龄不超过 6 岁。其实，我们一般不会给一个标准年龄的建议，因为孩子个体间、家庭间的差异实在很大。举个简单的例子，假如一个孩子从来没有接受过性教育，7 岁时突然对异性的生殖器感到好奇，然后向自己的父母求助。我觉得在父母能接受，孩子也能接受的情况下，也可以亲子共浴。再比如，如果孩子只有2岁，但是爸爸就是不好意思和孩子一起洗澡，那也不用勉强。家长还可以通过给孩子看性教育绘本来让他的好奇心得到满足。

我们鼓励的亲子共浴并非从小到大一直洗到孩子6岁，也不是就为了看彼此的身体，而是鼓励家长在共浴过程中解答孩子的疑问，同时教会孩子自己洗澡。如果在共浴过程中孩子的疑问得到了解答，孩子也能独立洗澡了，那么在他四五岁时，家长就可以和他分开洗澡，不用一直等到孩子6岁。不管是面对6岁以上的孩子还是4岁以下的孩子，家长在亲子共浴时都可以和孩子说说隐私问题：因为我们要洗澡，因为你好奇，所以我们会看到彼此的身体；但是在平时的生活中，我们不会让别人随意看到我们的身体。

总之，亲子共浴是我们对孩子进行性教育的一种选择，也确实是一个不错的选择。

有问必答

提问：

我女儿2岁半，每次看性侵害新闻时我都害怕女儿遇到这样的事情。给她洗澡的时候，我有时会告诉她哪些部位不能给别人看，但她好像听不懂。有时我比较累，会让老公给她洗澡，老公图方便会和她一起洗。最近老公说，女儿说他长尾巴了，还问他为什么自己没有。我突然意识到，是不是该给她讲点什么，但又怕孩子听不懂，怎么办？

你可以尝试

假如你觉得孩子的年龄合适，可以试着准备和孩子亲子共浴，最好能让爱人参与进来，并在共浴后再回想一下在这个过程中自己的感受、孩子的表现。

父母和孩子相处的规则

| 本节核心问题： | 在父母和孩子相处的过程中，
需要注意明确哪些规则？

和孩子约定一个规则

妈妈在卧室换衣服，3 岁的孩子闹着要看妈妈的乳房，妈妈不给看他就哭。你认为如果孩子真的好奇的话，可以展示自己的身体给孩子看吗？

前面我们提到，亲子共浴是一个非常好的性教育方法，父母可以通过自然地展示自己的身体来满足孩子对自己的身体和对异性身体的好奇。而这里我们要说的是，不是任何时候父母都必须这样做。在性教育的过程中，我们还要强调一个非常重要的概念——规则。

这个话题其实不只是在 0~3 岁的性教育中会遇到，但这需要从最早开始注意，所以我们在本节特别来说一下。

家长对孩子的性教育应当基于某种规则来进行，而非基于自己当时的心情。父母和孩子双方应提前共同制定一个规则，并且父母在生活中要让孩子意识到这个规则的存在——符合规则的行为可以做，不符合规则的行为不可以做。有时候可能有这样的状况，父母高兴的时候，孩子说什么都可以，他想要任何玩具都能得到；父母不高兴的时候，开始上纲上线，孩子说什么都是错的。这样的教育方法对孩子的成长非常不利，会导致孩子在成长过程中缺乏尊重规则的意识、自控的能力，容易成长为一个迎合别人、没有自己原则和底线的人。

明确了这点以后，我们再来判断妈妈换衣服的时候是否可以给孩子看乳房。妈妈可以选择告诉孩子："你对妈妈的身体好奇，妈妈理解。你可以在晚上和妈妈洗澡的时候看妈妈的身体，妈妈那个时候可以给你看。但是现在妈妈在换衣服，在一个人换衣服的时候，我们不能走过去看他的身体。"

这样的回答就是在告诉孩子规则的存在——不是任何时候任何地点，你想看什么就能看，我们要学会尊重别人。

你也可以对孩子说："对妈妈的身体好奇，妈妈能理解。但是，只给你看这一次，假如还想看，你可以在晚上和妈妈洗澡的时候看妈妈的身体，妈妈那时候可以给你看。但是以后，妈妈换衣服的时候不会给你看。因为在一个人换衣服的时候，我们不能跑过去看他的身体。"

这样的两个回答，虽然当时的做法不一样，一个给看，一个不给看，但传达给孩子的信息是一致的。

像尊重成年人一样尊重孩子

一些成年人可能会对小男孩开玩笑说"把你的小鸡鸡剪掉"。我小时候就遇到过这种无聊的恶作剧。甚至有些人为了向孩子证明自己会这么做，还会把孩子抓住，一边脱掉孩子的裤子，一边触碰孩子的生殖器。直到孩子开始哇哇哭，他们才笑嘻嘻地停下来。最让人生气的是，有时候孩子的家人就在旁边看着，可是他们不仅不替孩子制止这种无聊的玩笑，还跟着大家一起笑。

这当然是个比较极端的例子。但不管是开玩笑的人还是在一旁看着的家人，确实体现出了一种成人对孩子的不尊重。在很多成人眼中，孩子并不是完整的个体，没有独立的人格。所以，成年人可以肆无忌惮地对孩子开各种玩笑，比如"你妈不要你了"，这些都是不够尊重孩子的表现。

现在"晒娃"已经成为家长们的新爱好，一些家长在"晒娃"的时候会毫无避讳地让孩子的生殖器出现在照片中。家长自己可能觉得好玩儿、有趣，但是孩子长大以后看到这些照片会是什么样的心情呢？

一个朋友和我分享了他的故事。5岁那年，他赤裸着在门前洗澡，叔叔拿着照相机拍下了他人生中的第一张裸照。之后他的家人把这张照片冲洗出来，挂在卧室里。他小时候不觉得怎么样，初中时开始对这张照片耿耿于怀，一度想毁掉它，最后都在家人的"淫威"下妥协放弃。为了尊严，最终他趁着没人的时候，拿彩笔给裸体的自己画上了一条内裤。事情至此才算告一段落。

也许很多人听了这位朋友的故事只会觉得有趣，但是曾经，这张照片就是他的噩梦。你能想象亲朋好友来访，家人拿出这张裸照引得众人大笑时他的尴尬吗？他的尴尬和羞耻不仅不被成年人重视，反而成了他们笑得更开心的理由。

成人应该尊重孩子的隐私，不对孩子开挑逗性的玩笑。把孩子逗哭的行为不应该，也从不是一件有趣的事情。父母和孩子相处的最基本原则就是尊重。我们需要像尊重成年人一样去尊重孩子，像尊重一个拥有独立人格的个体一样去尊重孩子。

父母能否在孩子面前亲吻？

有的父母非常相爱，经常会依偎在沙发上看电视，也会当着孩子的面亲吻。但不知从哪里听说这样的行为会诱导孩子性早熟，甚至导致孩子去模仿和尝试，因此他们对自己的这一举动非常有顾虑。

如果我们担心孩子因为好奇而模仿亲吻，可以和孩子解释："亲吻是父母之间表达爱的方式。不同关系的人表达友好的方式不一样。比如，父母向你表达爱，会拥抱你、亲吻你的脸颊。你向小朋友表达友情，可以和他们握手、拥抱。"

几乎可以肯定的是，没有任何研究表明父母亲吻会刺激孩子，甚至导致孩子性早熟。

家长在家的穿着有什么讲究?

有一位妈妈告诉我，自己的老公在天气热的时候，会直接在家里只穿一条内裤。她担心爸爸这样的着装对孩子会有不好的影响，也纠结自己在天气热的时候应该穿什么样的衣服。

家并不是公共场所，而是一个相对私人的空间。在十几年前，很多家庭都还没有空调，夏天的时候，爸爸在家几乎都是光着膀子穿一条内裤。很多孩子，不管男孩、女孩，从小就是看着这样的爸爸长大的。爸爸在家穿一条内裤，在外面的时候就穿上裤子、上衣，孩子由此也会意识到在外面的时候不能只穿一条内裤。

社会规范和道德规定我们要避免在孩子面前直接露出生殖器。但是像夏天少穿衣服、穿薄睡衣这样的事也并不需要被妖魔化。当然，假如孩子开始懂得一些社会规范了，甚至明显表现出害羞的情绪，爸爸察觉到的话还是应该照顾孩子的感受，主动穿一件凉快的外裤。

总之，在家庭当中没有一个所谓的穿衣标准，自己家的标准需要自己家的家庭成员之间彼此沟通和适应。

有问必答

提问：

我和我爱人非常相爱，也经常会在孩子面前亲吻。我在网络上看到说，家长在孩子面前有亲密行为对孩子的性发展会造成负面影响。请问，在孩子面前，我和爱人之间应该保持什么样的距离？

回答：

相信很多家长都从网络上或多或少听说过这样的说法。不知道是谁杜撰出来这样一个危言耸听的说法。我从来不认为父母之间的亲吻行为会对孩子的性发展有什么破坏，也从来没有从任何研究中发现类似的观点。父母在孩子面前表达爱是一件很好的事，会让孩子觉得父母是相爱的，家庭是稳定的。生长在这样的家庭中，孩子的安全感会更高。同样，孩子从父母的行为中能学会如何向爱人表达爱，长大以后也会更懂得如何去爱自己的爱人。只要父母不在孩子面前直接发生性行为，像日常生活中的亲吻、拥抱之类的行为都没有任何问题。

你可以尝试

依据本节所述的规则，想想自己平时的育儿生活中，有什么可以做得更好的地方。

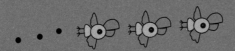

三、主动和孩子谈性说爱

4~6 岁

4~6 岁孩子的性心理发展

| 本节核心问题： | 4~6 岁孩子的性心理发展有哪些表现？
| | 如何看待孩子的性发展？
| | 如何看待性心理发展的个体差异？

提到孩子的性发展，很多人会觉得至少要到孩子青春期才可以涉及，6 岁以前的儿童还谈不上这些。这是混淆了性发展和性发育的概念。

我们看到一个青春期的女孩胸部隆起了，会说这个女孩开始发育了；看到一个男孩长出了胡子，个子一下高了很多，也会说这个男孩开始发育了。这些我们平时所说的发育，多指的是第二性征的发育。比如，乳房变大，腋毛、阴毛的生长，女孩来月经，男孩遗精。但实际上，发育的定义是指从出生开始一直到生殖系统成熟的整个过程。并不是只有青春期这一固定阶段才叫发育。性发育更多指的是生理上的发育。而性发展则不仅包括生理上的发育，还包括心理等各方面的发展。

第一性征在孩子刚出生的时候已经基本完备，0~6 岁孩子生殖系统的生理发育非常缓慢。虽然缓慢，但也是一直在进行的。4~6 岁时，孩子在性发展方面的主要表现是性心理的发展。

一个 2~3 岁的孩子可能只会通过发型和服装来判断一个人的性别。但当孩子再大一些，随着认知能力的发展，他会发现男生和女生除了服装、发型不同，行为和身体构造也有区别。比如，男生会站着尿尿，女生则是蹲着尿尿；男生有阴茎这个部位，而女生没有。当孩子发现这种区别，他会想要去探索的心理活动以及他认识两性区别的过程，就是孩子的性发展。在 4~6 岁这个阶段，孩子的大脑发育非常迅速，与此同时，性心理也在迅速发展。在这个阶段，孩子会问很多问题，包括性的问题，比如，我从哪里来，我是男生还是女生，为什么男生站着尿尿而女生蹲着尿尿，为什么男生有小鸡鸡女生没有，等等。

目前，国内外针对儿童性发展的理论研究比较少。世界卫生组织在《欧洲性教育标准》中提及了不同年龄段孩子大致会出现的活动，但也并没有详细介绍背后的性心理发展规律。关于儿童的性发展，目前参考较多的理论主要来自弗洛伊德的性学理论。弗洛伊德将人的性心理发展分成五个阶段：口欲期、肛欲期、性蕾期、潜伏期和生殖期。

弗洛伊德是精神分析学派的创始人，他的著作《梦的解析》很多人都看过，但是他提出的很多心理学理论，至今仍有一些被质疑。比如，弗洛伊德认为一个人儿童时期的遭遇会一直影响他成年后的性格，成年人身上的很多心理问题都源于小时候的经历。这种观点引起过很多人反对。在他的《性学三论》中，关于同性恋的性倒错说法、男孩的阉割情结和女孩的阴茎崇拜理论也曾广受质疑，甚至被推翻。既然如此，我们为什么还要了解弗洛伊德的观点呢？因为国内外关于儿童性心理发展的研究实在是太少了。而且经过现代科学的验证，孩子确实会出现如弗洛伊德理论中所提到的部分行为，正是这些理论奠定了儿童性心理发展研究的基础。对家长来说，我们了解一些理论依据之后，当孩子做出某种行为时，我们就知道是怎么回事，不会担惊受怕，可以轻松应对。

口欲期

口欲期，简单说是指在这个阶段，孩子通过吸吮手指等来刺激皮肤，从而获得快感。比如，有些孩子即使喝饱了奶，也会将手放进嘴巴里吸吮，并表现出陶醉和满足。有的学者甚至认为孩子的这种表现，就像是成年人获得性愉悦时的表现。当然，当孩子面对压力和感到焦虑时，也会通过吃手的行为来自我安慰。

以前，许多家长因为担心病从口入、影响面部发育等不良后果阻止孩子吃手。现在，有越来越多的研究表明孩子的吃手行为会刺激大脑的发育，刺激孩子嘴唇感觉的发育，刺激孩子皮肤感官的发育。而在焦虑时吃手是孩子调整自己情绪的一种方式。随着成长，孩子调整情绪的方式越来越成熟，吃手的行为会自然消失。

肛欲期

肛欲期，简单说是指孩子通过控制自己的排泄行为来刺激自己的膀胱、肛门，从而获得新奇的体验。面对肛欲期的孩子，家长的做法也应该是不干预。有些家长觉得孩子这么大了还不会上厕所，甚至把尿尿到裤子里很丢人。可以试想一下，我们参加一个活动，中途如果有尿意、便意，我们也会忍到活动结束，因为我们有控制自己排泄的能力，而这个能力可以说是在肛欲期锻炼出来的。处于这个阶段的孩子会通过憋尿、憋屎，开始去不断判断自己到底能忍到什么程度。这正是锻炼孩子如厕能力的最佳机会。现在我们憋尿、憋屎会觉得很难受，但在肛欲期，身体为了鼓励孩子不断训练，会给他比较愉悦的感觉，因此，孩子在肛欲期内会反复训练自己，直到拥有可以自如控制排泄的能力。

性蕾期

在性蕾期，孩子获得性感觉的来源将以生殖器为核心。这个阶段常见的现象就是自慰。关于自慰，我们在后面会详细说。

潜伏期

弗洛伊德认为孩子会在 6 岁之后进入潜伏期。随着孩子接触更多同伴、社交活动日渐丰富，能吸引他的事情越来越多，至于男女之别、生命起源的问题，孩子也都了解一二，性自然不再是孩子探索的重点，孩子也就进入了所谓的潜伏期。在这个阶段，孩子的性活动与性好奇会逐渐"沉寂"，直到进入生殖期以后迎来第二次跨越。但根据我们的现实经验，弗洛伊德所说的潜伏期在当下也许正在消失。

生殖期

简单来说，就是在这个阶段，孩子生理发育日渐成熟，逐渐成为成年人。

弗洛伊德《性学三论》首次出版是 1905 年，距今已有 100 多年。在那时，除非孩子看到父母的性行为，性真不是孩子容易遇见的话题。而现在，随着电脑与手机的普及，孩子开始接触互联网的年龄越来越小，通过互联网接触性信息的机会越来越多，孩子因好奇而去网上主动探索的可能性高了很多。所以我们认为，这个对性的认知与性心理发展的潜伏期，已经基本上没有所谓的潜伏了。

　　人的身体是一个非常神奇和神秘的构造，就像全世界这么多人却没有两个人的外貌是完全一样的，每个人发育开始的点、结束的点，以及整个过程都是不同的。从统计学的角度看，所有孩子的发育情况是可以按照数学的算法给出一条发育曲线的，这是规律，但是每一个孩子不一定会恰好落在这条曲线上，发育的时间可能早一点儿，也可能晚一点儿，这都很正常。

　　所以我们说，儿童的性心理发展有很明显的个体差异性，不存在绝对标准的正常或者不正常之说。随着社会的变迁，不同孩子成长环境、营养条件的差异越来越大，孩子间的个体差异自然可能也比较大。

有问必答

提问：

我的侄子今年 5 岁，他经常对他妈妈说自己的小鸡鸡老是硬起来，我们该怎么向他解释？

回答：

阴茎勃起可以分为三类，一类是心理性勃起，一类是反射性勃起，还有一类是无意识勃起。心理性勃起就比如一个成年男性看到情色图片，会有一系列的心理活动，从而引起了勃起。反射性勃起是指在无性欲的情况下，对生殖器的刺激、抚摸也会引起阴茎勃起。无意识勃起包括晨勃和夜间勃起。勃起并不是只有成年人才会出现，幼儿包括胎儿都会有勃起现象。这是一个非常常见的生理反应。

所以首先，家长要了解，孩子也会有阴茎勃起，这是一种自然的生理现象。其次，当孩子告诉家长的时候，家长可以看看孩子想了解什么。孩子想知道的是为什么会硬起来，还是硬起来正常吗，又或者是什么时候会硬起来。针对孩子不同的兴趣点，家长可以这样回答：男孩的阴茎硬起来是很正常的，这说明你的阴茎很健康。有时候你睡觉睡醒了，阴茎会硬起来，这也是正常的。不过阴茎是隐私部位，当它硬起来的时候要遮挡起来，不要被别人看见。

提问：

我家孩子5岁，前段时间我给他看了绘本《乳房的故事》和《小鸡鸡的故事》。今天在看电视的时候他突然告诉我，里面的一个姐姐很漂亮。平时他也会这样说，可是今天竟然多说了一句，说他看到漂亮的女生，小鸡鸡会变大。我瞬间不知道该怎么应对了。是不是我给他看那两本绘本看得太早了，遇到这种情况我该怎么解释呢？

回答：

您对孩子的性教育做得非常好，并不过早。很多孩子在这个年龄都看过这两本绘本，看性教育绘本并不会引起孩子性早熟。孩子阴茎勃起是一个很常见的现象。不用说5岁，一两岁的男孩也会出现阴茎勃起的情况，所以不用担心，语气轻松地告诉孩子这是正常的现象就可以了。如果担心孩子对别人说，就告诉他因为生殖器是隐私部位，这件事可以和妈妈说，但是不可以告诉别人，别人会觉得不好意思。

你可以尝试 〰〰〰〰〰〰〰〰〰〰〰〰〰〰〰〰

回忆孩子在成长过程中是否出现过一些和性相关的行为，当时的你是如何看待的，现在又是如何看待的。

〰〰〰〰〰〰〰〰〰〰〰〰〰〰〰〰〰〰〰〰〰〰〰〰〰〰〰〰

如何回答孩子"我从哪里来"的问题?

本节核心问题: 如何回答孩子"我从哪里来"的问题?
孩子打破砂锅问到底时,家长该怎么办?

以前孩子问父母:"我从哪里来的?"爸爸妈妈的回答通常是:"你是妈妈从垃圾桶里捡来的。"不知道多少人都是"垃圾桶里捡来的孩子"。成年以后的人们回忆起这件事情也许会觉得可笑,但是小时候特别敏感的孩子,听到这个答案很可能会伤心很久。有个被告知这个答案的朋友说,小时候每次爸妈一骂他,他就想:我又不是你们的孩子,我要离家出走,去找我真正的爸爸妈妈。

当下人们文化程度普遍提高,大家可能觉得告诉孩子"是从垃圾桶里捡来的"的家长数量应该很少了。然而,在 2017 年的夏天,我们在成都举办的一个儿童性教育的夏令营上,问到小学四年级的孩子"你们知道自己是从哪里来的吗"时,孩子们的回答竟然变成了:充话费送的,爸爸打游戏充值送的,从医院里抱回来的,送子鸟叼过来的……40 多个孩子只有 1 个说自己是从妈妈的肚子里面来的。

可见这个"我从哪里来"的问题，依然是大多数家长觉得尴尬、不知如何回答的问题。

到底应该如何回答孩子的这个问题呢？随着孩子的成长，我们会发现他的问题并不是一次性就问完的。他不断长大，认知能力越来越强，问问题也越来越有深度。刚开始他可能只是问"我从哪里来"，当得知自己是从肚子里来的时候，他就不会再问下去了。因为他的认知能力只到这里。随着认知能力的变强，他开始好奇"我是怎么出来的"，可能再长大一些又会开始好奇"我是怎么进去的"。

我们认为，回答孩子的这些问题时，有一个好方法，就是用孩子能理解的语言简单直接地回答孩子的问题。

比如，两三岁的孩子问起这个问题，家长可以简单直接地回答"你是从妈妈的肚子里来的"，然后观察孩子的反应，判断你的回答是否解决了孩子的困惑。如果孩子明白了，家长也就不需要再多说什么了。

4~6 岁的孩子可能会接着问"我在妈妈肚子的哪里"。家长可以继续用孩子能够理解的语言简单直接地回答："在妈妈的下腹处有一个叫子宫的地方，小宝宝以前就住在妈妈的子宫里面。"再观察你的回答是否满足了孩子，也可以反问孩子："你知道了吗？"如果孩子的好奇心还没有完全得到满足，他又问你："那我是怎么从妈妈肚子里出来的？"家长可以继续用孩子能够理解的语言回答："在妈妈两腿之间有一个地方叫阴道，也叫产道，它就像一条走廊，连接着子宫和外面。你就是从这条走廊里出来的。"剖宫产的家长也可以告诉孩子："医生在妈妈的肚子上打开一个小口，把你从里面拿了出来。"

如果孩子问"我是怎么进去的"，家长可以回答：有一种东西叫精子，精子住在爸爸的睾丸里；还有一种东西叫卵子，卵子住在妈妈的卵巢里。当爸爸的生殖器和妈妈的生殖器接触时，精子就会通过爸爸的阴茎进入妈妈的身体里面和卵子结合，形成受精卵，受精卵不断分裂，逐渐发育成胚胎，再之后长成小胎儿。你是在妈妈的子宫里生长起来的。

可能有人会问："对孩子讲这些，他能理解吗？记得住吗？"就像前面说的，不同年龄段的孩子会问出不同深度的问题。"我是怎么进去的"这个问题，两三岁的孩子基本问不出来。如果能问出这个问题，说明孩子的年龄至少在 5 岁以上，或者孩子的认知能力足够强了。

假如孩子问出了最让父母尴尬的问题："爸爸的生殖器和妈妈的生殖器是怎么接触的呢？"这时也不要慌张，继续用我们的方法，用孩子能够理解的语言回答："爸爸的阴茎会插入妈妈的阴道里面。但是这种行为是两个相爱的成年人才可以做的，就像爸爸和妈妈，这是我们表达爱的方式，也是我们生宝宝的方式。"

如果担心孩子因为知道了性行为的存在，就和幼儿园的某个小朋友尝试模仿，你可以把自己的担忧和建议说出来。不妨直接告诉孩子："你们还小，生殖器还没有长大，现在是生不出孩子的。如果你们现在这样做反而会受伤。等你们长大了，遇到自己喜欢的人并征得对方的同意，就可以做这样的行为。"

再总结下这个方法，虽然我们提到了很多名词，如子宫、阴道、精子、卵子、阴茎等，但我们并不是要把这些一次性全告诉孩子，而是随着孩子的成长、认知能力的变强，逐渐告诉他。就像孩子在学数学一样，刚开始学数字，后来学加减乘除，再后来学平方开根号，最后才是微积分。性教育也是如此，这是一个循序渐进并且持续的过程。

在这个过程中，我们可以借助一些以出生为主题的绘本或者卡通图片来帮助孩子理解性。像《小威向前冲》《宝宝的诞生》等绘本，就可以很好地帮助孩子理解精子、卵子、怀孕等概念。

家长在回答孩子问题的同时还可以告诉他，植物、动物是怎么来到这个世界的，通过相关知识来增强孩子的好奇心，提高孩子的科学素养。

"你知道吗？小猫、小狗也和人一样，是从妈妈的肚子里生出来的。狗爸爸把精子送入狗妈妈的阴道里，然后狗爸爸的精子就遇到了狗妈妈的卵子，它们结合变成受精卵，受精卵在狗妈妈的子宫里一点点长大。而小鸡、小鸭子、小鸟，它们也有精子和卵子，不过，形成受精卵后，这些妈妈会先下蛋，爸爸妈妈照顾蛋一阵子之后，小鸡、小鸭子、小鸟就会从蛋里面出来啦。

"而很多植物需要蝴蝶姑娘的帮助。当蝴蝶姑娘落在这些植物的花朵上，花朵爸爸就对蝴蝶说：'蝴蝶姑娘，你可不可以帮我把花粉交给花朵妈妈？'蝴蝶姑娘就说：'好啊好啊。'它帮助花朵爸爸把花粉交给了花朵妈妈，花朵妈妈就'怀孕'了。有的花朵妈妈会长出果实，小宝宝藏在果实的果核里，就是我们说的种子。当种子进入大地的怀抱，它就会一点点长大，最后自己长成一株植物。"

父母可以通过植物、动物的特点告诉孩子，性、精子和卵子不是只有人类才有，整个大自然里，性无处不在。生命的孕育和诞生是大自然中最普遍的现象。生命是宝贵的，生命来之不易。所以，我们应该珍爱生命，不仅珍爱我们的生命，也要珍惜其他动物和植物的生命。

有些父母认为孩子还小，没必要知道这种事，因而采取回避的方式对待孩子的提问。这样做会让孩子认为这类话题不能问父母，也不允许在家里讨论。而一旦给孩子留下这样的印象，就等于把家庭性教育的大门关闭了。

孩子的思维与成年人不同，他们只是想了解自己是怎样来到这个世界上的。家长告诉孩子他是从垃圾桶里捡来的，孩子很可能会极度缺乏安全感——原来父母和自己一点儿关系都没有，自己就像垃圾一样被丢了然后又被捡了回来。

要让孩子对世界充满好奇，当孩子提出这个问题时，父母便要积极面对，满足他的好奇心，肯定并且正确地回答孩子的问题。

有问必答

提问：

我女儿 3 岁 7 个月，最近我和她一起看了几本关于孩子孕育、出生的书。她知道了自己是剖宫产生的，我还给她看了我肚子上的疤痕。然后她问我她长大后是不是也会生宝宝，我说是啊，她就哭鼻子说："妈妈，我不要把肚子剖开来生宝宝，会流好多血好痛的！"我说："嗯，可以不剖开肚子从阴道生的。"她说："我不要，我不想生宝宝，长大后也不想。"我一时不知怎么答，就说："好，宝贝不想生就不生，只要宝贝开心就行了，妈妈不会强迫你做你不喜欢做的事。"然后她就很开心地笑了，对我撒娇说："妈妈真好！"我也不知道这样回答她对不对。

回答：

很多孩子第一次知道妈妈生小宝宝会很痛时都会害怕，甚至说长大以后不想生孩子。家长不用担心，可以这样说："生小宝宝确实会很痛，而且怀孕的时候也很辛苦。但是妈妈生出你以后，从来没后悔过。虽然很痛、很辛苦，但是看着你慢慢长大，妈妈心里还是非常开心。很多妈妈都是这样，痛但是很幸福。你长大以后如果不想生小宝宝也没事。"

提问：

幼儿园在母亲节的时候播放了孩子出生的影片，孩子看到的是剖宫产的过程。我家孩子是顺产，他问我肚子上为什么没有刀疤，我该如何向孩子解释顺产呢？实事求是吗？

回答：

实事求是。有时剖宫产简直成了家长们性教育的救命稻草，遇到孩子问"我从哪里来"，剖宫产的妈妈都会非常坦然地展示刀疤给孩子看，顺产的妈妈却不知所措。

其实，只需用孩子能够理解的语言，简单直接地回答就好了："在妈妈两腿之间有一个地方叫阴道，也叫产道，它就像一条走廊，连接着子宫和外面。你就是从这条走廊里出来的。"孩子问什么，父母就答什么，不回避，不编造故事。

你可以尝试

准备一些性教育主题的绘本，陪孩子一起阅读。在阅读的过程中观察孩子的反应，思考孩子对绘本中性教育的态度。

孩子对异性的生殖器感到好奇怎么办?

本节核心问题: 孩子对异性的生殖器感到好奇时,家长如何正确引导孩子?

随着两孩政策的全面放开,越来越多的家庭迎来了第二个宝宝。当二宝的性别和大宝的不同时,性教育的问题就暴露出来了。

有位妈妈向我们咨询,说自己的儿子6岁,女儿4个月。有一天,她发现儿子用手掰着女儿的外阴看,于是赶紧训斥儿子说不能这样。但说完以后,她就不知道接下来应该如何引导孩子了。

还有一位妈妈说她的女儿今年刚上幼儿园。最近这段时间一看到妈妈给弟弟换尿布,她就来玩弟弟的阴茎。有时候两个孩子一起睡觉,姐姐也要偷偷玩弟弟的生殖器。妈妈发现以后问我可不可以先"牺牲"一下弟弟,既然姐姐好奇,就让她看弟弟的生殖器,反正过阵子姐姐的好奇心得到满足也就不会再这样了。

发现孩子出现上述行为时,我们首先应该尽量自然地制止孩子的行为，然后和孩子进行进一步沟通，问问孩子为什么这么做，是不是因为好奇。大多数情况下，孩子这么做就是出于对异性身体的好奇。父母大可利用这个机会解答孩子的疑问，科普男女身体的区别，孩子自然就不会再因为好奇去触摸。另外，还要引导孩子意识到什么是隐私——不去触碰他人的生殖器，同时也不让别人触碰自己的生殖器。

这里要强调的是，父母一定要在解答孩子的疑问以后，再告诉孩子不可以触碰其他小朋友的生殖器。为什么呢？因为告诉孩子"不可以"以后，你再去问为什么这么做，孩子会觉得"你都说不可以了，我再说出理由，你肯定会骂我"，而不愿意交流。所以，我们一定尽量先平和地和孩子沟通，让他知道我们不是要批评他，然后再去引导孩子了解社会规范。

试想，如果两个孩子只是在模仿骑马或者扮演某种小动物，我们会第一时间想到责备吗？那么为什么一旦孩子的某种行为是和性相关的，家长的第一反应就是感到尴尬和生气呢？这里我们想再次说明的是，性教育中最重要的是家长的态度，你越是坦然地看待性，坦然地讨论性，和孩子沟通这个问题也就越简单。

姐姐对弟弟的生殖器感到好奇，妈妈可不可以让姐姐去看、去玩弟弟的生殖器呢？我们更倾向于父母自己主动承担起姐姐的性教育任务，而不是"牺牲"弟弟。虽然弟弟还小，还不能表达自己的感受，但是也要有尊重弟弟隐私的意识。

有问必答

提问：

我的儿子4岁多，前两天我换衣服，他进来看到我光着腿，就说："妈妈，让我摸摸你的鸡鸡。"我上厕所时，他打开门进来说："妈妈，让我看看你的鸡鸡。"我不知道该怎么回答，想了想后对他说："你的鸡鸡和妈妈的鸡鸡都是我们的宝贝，是我们的隐私部位，所以才会用衣服遮起来。宝贝是不能让别人看和摸的。"不知道这样回答合不合适？

回答：

孩子对妈妈说这样的话，是孩子对异性身体好奇的正常表现。这个年纪的孩子会模糊地意识到男女身体的不同，当他们产生好奇的时候，很可能会用这种方式去探索。孩子们表达好奇的方式还有很多，比如，看爸爸妈妈洗澡，看小朋友上厕所，甚至睡觉的时候去摸父母的生殖器。告诉孩子哪些是隐私部位很重要。但我们一定要满足孩子的好奇心，让孩子有机会去认识自己和异性生殖器的不同。当孩子对异性的身体有了充分了解，我们再告诉孩子哪些是隐私部位，如何保护自己的隐私部位，这样才能真正解决孩子的问题。如果只讲隐私，却不去满足孩子的好奇心，孩子一定会用其他方式继续探索。

提问：

我是4岁女孩的爸爸。平常孩子和我们一起睡觉。最近几天睡觉的时候，她会突然把手伸到我的内裤里。我问她干什么，她就说想看爸爸的尾巴。她可能把我的阴茎当成了尾巴。孩子为什么突然会有这样的行为？我应该如何引导？

回答：

这种行为对这个年龄的孩子来说属于正常的性探索。孩子发现爸爸的身体有一个"尾巴"，就会很好奇为什么爸爸的身体上有这个部位。4岁这个年纪对隐私和社会规范的理解还很有限，所以她会直接去看、去摸。家长可以温柔地阻止她，并趁机买一些性教育绘本，也可以试着亲子共浴。满足孩子的好奇心之后，再引导她意识到隐私和尊重的重要性。

你可以尝试

回忆你的孩子在成长过程中，什么时候表现出过对异性生殖器的好奇，当时你是如何引导孩子的。

带孩子阅读性教育绘本，并与孩子沟通他是否对异性的身体感到好奇，找到合适的机会去解答孩子心中的疑问。

如何与孩子分床睡和分房睡?

本节核心问题: 如何判断是否需要与孩子分床睡和分房睡?
孩子不愿与父母分床睡,怎么办?

很多家长向我们咨询,问到底孩子多大开始需要和父母分床睡觉。有一位妈妈,她的儿子已经 6 岁半了,依然每天都要和父母一起睡觉。前段时间她给孩子买了小床。结果第一天,小家伙死活不干,父母好不容易在他自己的房间把他哄睡着了,半夜他醒了又跑到父母的房间说要抱着妈妈睡。孩子的爸爸被吵醒,没忍住就骂了孩子几句,结果孩子哭了,边哭边说:"凭什么爸爸能和妈妈睡,我要自己睡?"父母当时不知道怎么回答,搪塞了几句后只能带着他一起睡。之后每晚他们试图和孩子分床睡都以失败告终。这个妈妈问我是不是他们和孩子分床睡的时间太早了。

其实,如果孩子对分房睡非常抗拒,家长没必要强行坚持。这也不会轻易导致孩子性早熟。

关于分床睡和分房睡的时间,很多家长都希望有一个标准答案。比如,从几岁开始分床,从哪个阶段开始分房。事实是,在性教育中，很多问题的答案都不是给出一个绝对标准的年龄就可以的。相较于考虑孩子的年龄，我们更倾向于从以下三个维度去判断是否可以开始锻炼孩子独立睡觉的能力。

第一，父母的感受，也就是夫妻二人的感受。父母和孩子一起睡的话，父母或孩子不管是睡相差还是打呼噜，都有可能影响彼此的睡眠质量。再加上父母一直和孩子在同一个房间睡觉，肯定会影响夫妻之间的性生活，性行为偶尔还可能会被孩子看到。这样一来，父母每次做爱都心惊胆战，生怕吵醒孩子。孩子不与父母分房睡必然会影响夫妻之间的亲密行为以及夫妻关系。夫妻关系的顺位显然应该排在亲子关系之前。

第二，孩子的独立能力。比如，某天父母不在家，孩子是否会因为父母不在而感到害怕？回想我刚上初中一年级第一次面临住校时，由于自己很早就开始独立睡觉，倒也没有遇到什么困难。但是身边很多同学都因为习惯了和父母一起睡，对于远离父母的住校生活一时不能适应，半夜躲在被窝里掉眼泪。

第三，孩子的感受。假如孩子自己已经表现出不好意思，甚至提出要自己睡觉，家长应该尊重孩子的意愿，给孩子提供独立睡觉的空间。

对于独自睡觉这件事，孩子的反应千差万别。我们听过家长分享说："我和孩子进行过简单的沟通以后，孩子就很自然地愿意分床睡了，没有一点儿抗拒。又过了一阵以后，孩子很自然地愿意分房睡了。"也听另一位家长说："不管我怎么和孩子沟通，怎么下定决心，孩子就是不同意。他会半夜偷偷爬回我们床上，分床的时候又哭又闹。"不同的家庭，孩子的反应会相差很多，而且，孩子之间本来就有差异，父母应该做好一定的心理准备，而不是一味拿别人家孩子的情况作为参考。

如何设置分床睡和分房睡的过渡期？

开始独立睡觉对孩子来说是一个挑战，在这个过程中，孩子肯定会出现一些抗拒的表现，设计过渡期就显得非常重要。最开始孩子是和父母睡在一起的，接着会过渡到睡在父母床旁边的床上，然后再过渡到与父母分房睡。整个过程是一个循序渐进的过渡，在过渡的过程中，父母一定要意识到的是：你们的所作所为都要尊重孩子的感受，绝对不是突然告诉孩子"从今往后，你必须一个人睡觉"，然后就把孩子放到一个他不熟悉的床上或者房间里。

第一步，我们要提前告知孩子会有分床睡和分房睡这样的事情，告诉孩子"这代表你长大了"，向孩子传递积极信号，让孩子提前做好一定的心理准备。

第二步，父母要懂得表达自己的感受。比如，告诉孩子："爸爸妈妈习惯了两个人睡觉。爸爸妈妈很爱你，但是爸爸妈妈希望有两个人独处的时间和空间。"

假如孩子问："为什么爸爸可以和妈妈睡觉，我就不能和妈妈睡觉？"家长可以这样回应孩子："爸爸和妈妈是夫妻，夫妻两个人是要睡在一起的。长大以后，你也会遇到你爱的人，也会有自己的老公或者老婆，那时候你就可以和自己的老公或老婆一起睡觉。而孩子和父母之间是要有彼此独立的空间的，是要在不同房间睡觉的。"

在性教育中，有一个非常重要的概念叫作关系。我们要告诉孩子：人与人之间有夫妻关系，就像爸爸妈妈，还有母子关系、同伴关系等。在每种关系中，人与人之间会有不同的相处方式。

第三步，在与孩子分床睡的时候，父母要帮助孩子习惯有规律的作息时间和睡前仪式。有规律的作息时间可以让孩子更容易入睡。至于睡前仪式，如果孩子是比较兴奋的，父母可以让他先慢慢安静下来，然后洗澡、换睡衣、喝一点儿牛奶，接着父母还可以给孩子讲一些睡前故事，最后就是关灯，让孩子自然入睡。这种规律性的睡前仪式，可以很好地帮助孩子尽快适应分床睡和分房睡。

最后一步，陪伴式的分离。孩子刚开始在自己的房间睡觉，爸爸妈妈可以腾出一段时间陪孩子聊聊天，给孩子讲讲故事，陪伴孩子入睡后再离开。这段经历将会是孩子人生中最幸福的记忆之一。孩子习惯了分房睡以后，家长可以再视情况减少陪伴的时间、频率。

如何克服过渡期遇到的困难?

孩子怕鬼怎么办?

　　家长在孩子的成长过程中应该避免让孩子接触鬼怪之类的信息,并告诉孩子:世界上没有鬼怪,爸爸妈妈就在隔壁房间,如果晚上害怕可以喊爸爸妈妈过来。爸爸妈妈的房门也会打开,爸爸妈妈随时可以保护你。

孩子怕黑怎么办?

　　如果孩子怕黑,家长可以买一盏夜灯,等孩子睡着后再关灯。或者刚开始与孩子分房睡的时候把家里所有的灯都开着,等孩子适应了,再逐渐关闭客厅、走廊的灯,帮助孩子一点点适应,解决孩子怕黑的问题。

孩子一个人睡容易着凉怎么办?

　　家长可以通过空调、暖气等调节房间温度。给孩子选择厚度合适的睡衣,及时根据季节变化更换被子,就可以避免孩子夜间着凉。家长还可以在床边放一张高点的凳子,防止孩子夜晚不小心从床上摔下来。很多时候,孩子并不像家长想象中的那么脆弱。

经济条件不允许孩子有独立的房间怎么办?

　　有的家庭的房子只有两室一厅,如果遇到和老人同住,或者有二孩的情况，实在没有多余的房间怎么办？这时候，父母可以用帘子等遮挡物给孩子营造一个私密空间，告诉孩子这是他的独立空间。

睡了一半，孩子半夜又跑回父母的房间怎么办？

这时，父母千万不要很凶地骂孩子，恶狠狠地让孩子回自己的房间。大半夜被吵醒肯定会烦躁，但是我们要理解，在一个独立的空间睡觉对孩子而言真的是个挑战。孩子会害怕父母抛弃自己。如果父母还吼他的话，只会让孩子更难渡过这个难关。因此，父母在决定和孩子分床睡和分房睡之前一定要意识到，孩子反抗可能是一个必然会出现的情况，要温柔且坚定地执行这个决定。孩子半夜爬回父母的床，父母要把他带回自己的房间并且陪伴他继续睡觉，等他睡着以后再回自己的房间。

某天孩子生病了，可以让孩子重新和父母一起睡吗？

孩子在成长过程中肯定会遇到生病的时候。考虑到要更好地照顾生病的孩子，父母可以在孩子生病期间让他和自己一起睡。可能有很多孩子病好了又不愿意回到自己的房间睡了，而有的孩子病好后还会自然地回自己的房间睡。

孩子病好之后，还是不愿意自己睡，怎么办？

家长要记住的是，孩子病好后不愿意回到自己的房间睡觉只是一个表象。父母要反思孩子为什么不愿意回去。是害怕还是孤单？如果是害怕，家长做过帮助孩子克服恐惧心理的努力吗？如果是孤单，家长平时陪伴孩子多吗？我们一定要让孩子意识到：分床睡、分房睡并不是父母不爱他，父母爱他的方式有很多种，并非只能通过一起睡觉这种方式来表达。

孩子的成长需要经历挫折与挑战，因为战胜挫折的过程就是孩子成长的机会。分床睡、分房睡对于孩子而言就是挑战，父母可以通过陪伴与鼓励来增强孩子面对困难的勇气，帮助孩子战胜分离焦虑。这个过程也会让孩子变得更加坚强，不再惧怕黑暗与孤单。

有问必答

提问：

我们家孩子 9 岁了。之前孩子一直在自己的房间独立睡觉。半年前，我和孩子的爸爸离婚了，孩子现在跟着我生活。从那时候开始，孩子晚上就一定要和我一起睡，而且睡觉的时候抱我抱得特别紧。这样合适吗？

回答：

看你的描述，父母离婚对孩子的影响还是很大的。孩子可能是想通过和妈妈一起睡觉来获得安全感。我倒不建议你这段时间要求孩子独立睡觉。当然，是否一起睡觉只是表面问题，关键还在于如何帮助孩子顺利度过父母刚刚离婚的这段时间。首先，养成与孩子沟通的习惯，告诉孩子虽然父母离婚了，但是对他的爱都不会变。其次，如果不存在家暴等原则性问题，不要剥夺孩子与爸爸相处的机会。再次，鼓励孩子增加自己的社交机会，与同伴建立良好的关系。相信随着孩子内心的不断强大，他可以自然地回到独立睡觉的状态。

你可以尝试 //

　　在孩子与父母分房睡的初期，给孩子一个适应过程，陪他说说话，讲讲故事。

//

如何看待幼儿园男女同厕?

本节核心问题：　幼儿园的厕所应不应该男女分开？
　　　　　　　　　　如果不能实现男女分厕，家长怎么办？

有妈妈向我们求助："女儿幼儿园的厕所是男生女生一起用的。我平时在家一直告诉她，女孩背心和裤衩遮住的地方是不能给别人看的。但在这样的环境下，我感觉男生可以很轻松地看到女孩的隐私部位。我有点介意，就和幼儿园老师沟通，但老师告诉我，受空间和资金的限制，幼儿园没办法实现男女分厕。我很担心这对孩子的成长会有不好的影响。"

幼儿园到底要不要男女分厕，一直是非常有争议的话题，而关于这个问题的答案，国内外到目前为止都没有达成统一。

支持幼儿园分厕的学者认为，男女分厕可以从小培养孩子"男女有别"的意识。北京大学医学部性学研究中心研究员朱琪认为，幼儿园应该男女分厕，性教育应该从幼儿开始，帮助孩子从小树立"男女有别"的意识。幼儿园实行男女分厕，让孩子明确知道自己是男孩还是女孩，在尊重孩子的隐私和个性的同时，也有助于培养孩子的性别意识和自我保护意识。

而反对幼儿园分厕的专家则认为没有必要。北京协和医学院的杨霞教授认为，幼儿园的教育正好处在性心理形成的第三阶段——性蕾期。幼儿园的男女同厕，正好满足了他们对性的好奇心，为幼儿提供了一种了解男女身体特征差异的自然方式，使得他们对于异性身体的好奇有一个逐渐脱敏的过程。

专家的观点各有道理，然而我们更应该关心的是孩子的感受。

如果孩子觉得无所谓，我们可以告诉他："在幼儿园厕所这个特殊场合，男生女生可以一起上厕所；但在平时，像在外面的商场，男生会去男厕所，女生会去女厕所。大家都会保护自己的隐私。"

如果孩子的感受是不舒服的，他不想和其他人一起上厕所，那我们千万不要让孩子去忍受。成年人这时应该去帮助孩子解决这个问题。比如，我们可以请老师让孩子有机会一个人上厕所，或者与老师商量，通过安排男生女生分批次上厕所来解决这个问题。

方法总归是有的，关键是我们愿不愿意去关注一个孩子的感受。如果是一个成年人在幼儿园提出单独上厕所的要求，肯定会得到特殊照顾，可一旦换成一个孩子提出这样的要求，有人就会觉得孩子还小，没必要。至于孩子的感受是什么样的，很容易被忽视。

联合国《儿童权利公约》传递了一个非常重要的价值观，

那就是将每个孩子看成一个独立的个体，像尊重成年人一样去尊重孩子。我们呼吁家长更关注孩子的感受。幼儿园男女同厕不一定会给孩子造成负面影响。在客观条件受到限制的情况下，如果孩子自己能接纳这件事情，没有觉得不舒服，事情确实没那么严重。

那么，孩子因为好奇在幼儿园摸了异性的生殖器怎么办？

孩子出现这样的情况，只能说孩子的家长和老师失职。孩子会去看、去摸，很大一部分原因是他对异性生殖器好奇。为什么家长和老师在此之前，没有引导孩子认识异性的生殖器呢？

孩子被其他小朋友触摸了生殖器怎么办？

首先，家长不要粗鲁地把这种行为定性为"性侵害"。这个年龄段的孩子触摸异性的生殖器更多还是出于好奇。其次，我们要告诉孩子，如果有人触摸他的生殖器，要及时告诉爸爸妈妈，爸爸妈妈会和老师沟通，避免这样的事情再次发生。

生活不是考试，没有绝对的对错，很多事情都没有所谓的标准答案。如果幼儿园是男女同厕，家长和老师就要及时对孩子进行性教育，让孩子尽早认识异性的生殖器，懂得尊重别人的隐私。同时，家长和老师也要告诉孩子这是特殊场合，我们可以特殊对待。如果幼儿园男女分厕，那也是很好的。

有问必答

提问：

平时去商场等公共场所的卫生间时，经常会遇到妈妈或者奶奶带着两三岁的小男孩一起使用女卫生间。我就见过一个男孩进去后不好意思脱裤子，但被他妈妈强行脱了。在公共场所，孩子要大小便时父母不可能让他憋着，如果是妈妈带男孩或者爸爸带女孩的情况，不得不把孩子一起带进异性卫生间，这种情况怎么处理比较好呢？

回答：

这个问题很有现实意义。我们不赞同那个男孩妈妈的做法，因为孩子的感受显然没有得到尊重。在性教育中，很多操作是没有绝对标准的。比如，是否要带很小的孩子去异性厕所？这在不同的情况下，可能有不同的选择。我们不能强迫家长不带小孩子去异性厕所，但在这个过程中，我们需要考虑两件事情。

第一，尊重孩子的感受，尊重他人的感受。如果孩子因不好意思而不愿意，父母不能使用强制性的命令。像您提到的这个男孩的妈妈，她应该和孩子沟通："妈妈不放心你一个人上厕所，你还小，不能自己脱裤子、擦屁股，现在是特殊情况。而且你在厕所的单间里面，别人也看不到你。如果你觉得害羞，不想在这里上厕所，那妈妈就带你回家或者你自己一个人去男厕所。"也就是说，尊重孩子的感受，给孩子选择，并且告诉孩子妈妈的选择是为什么。当然，也要尊重他人的感受。假如现场有人反对或者看到，家长也要礼貌地向别人说一句："抱歉，孩子还小，希望您谅解。"

第二，家长一定要意识到，自己不单单要解决眼前这个问题，之后还要锻炼孩子自己独立上厕所的能力。孩子在家里可以独立上厕所的话，去公共场所也不会有太大的问题，最多是擦屁股的时候擦不干净。那接下来的几天，家长就可以趁机好好教孩子怎么擦得更干净。

可能会有家长担心，孩子小的时候被妈妈带去异性厕所，会不会养成习惯，或者不懂得选择适合自己性别的厕所。其实家长可以和孩子直接沟通："现在是特殊情况，你还小，等你能自己上厕所了，就要去你应该去的厕所。"

提问：

男孩几岁以后就不适合带到女宾区域洗澡了？

回答：

我们之所以觉得带男宝宝去女更衣室不好的最主要原因，其实是对他人的影响。试想如果我们是那个更衣室的女性，面对一个突然进来的男孩，心里或多或少会有一些不舒服的感觉。可能对一个女性来说，6岁以上的男孩会让她觉得不舒服；而对另外一个女性来说，3岁以上的男孩就会让她觉得不舒服；对又一个女性来说，只要是一个会走路的男孩，都会让她觉得不舒服。所以，问题的关键不在于多大的孩子不适合，而是那个女更衣室的女性能不能接受。因为我们不可能知道别人能不能接受，所以最好的办法还是尽可能减少这样的事情发生。

一方面，我们呼吁越来越多的公共场所设立无障碍厕所，或者独立更衣室；另一方面，我们也呼吁爸爸或妈妈带孩子出行时，也带上和孩子同性的家人。自己多一些准备，对别人多一些尊重和理解。

你可以尝试

和孩子聊聊，了解一下他对幼儿园男女同厕是怎么看的。

女孩想要站着尿尿，男孩想穿裙子，怎么办？

本节核心问题： 孩子为什么想穿异性的衣服？
如何应对孩子的此类行为？

　　我有一个朋友，她儿子五六岁时喜欢上了她的高跟鞋。在家里的时候，总是要穿着她的高跟鞋满屋子走，发出一阵阵踢踏声。对此，朋友的处理方式是他想穿就穿，随他去。一个月以后，孩子放弃了对高跟鞋的痴迷。但并不是所有人都能像我这位朋友这样在孩子的事情上可以任其自然发展。有一位家长向我咨询时说，她的女儿3岁，有一次看见爸爸站着尿尿以后，就反复要求自己也要站着尿尿，这让她很头痛。

　　我们还遇到过家长说儿子要模仿女孩尿尿的。其实这些行为都很正常，因为孩子对异性的衣着和行为的模仿，大多都只是源于本能的好奇。孩子在成长过程中开始发现男生与女生行为方式的不同，他们会好奇异性到底是怎么上厕所的，于是开始模仿。这时候家长不需要焦虑，让他们去探索和模仿就好了。男孩坐着尿尿也没什么问题，女孩站着尿尿一旦尿到裤子上，下次她就知道不能站着尿尿了。家长完全可以给孩子体验和探索的空间。越是阻止，孩子越是好奇。

发展心理学将孩子的性别认知发展大致分为四个阶段。

第一个阶段是 5 岁以前。在这个阶段，孩子开始逐渐认识到自己的生理性别，能简单地把自己划分成男性或者女性，但比较模糊。他们会觉得只要自己愿意，换一套异性的衣服，就可以变成另外一种性别。

第二个阶段是 5~7 岁。这时孩子开始认识到，自己的性别是不可以改变的事实。一般到了小学阶段，大部分孩子都能形成比较稳定的性别认同。

第三个阶段是 7~10 岁。孩子会表现出明显的性别刻板印象，对男孩可以做什么，女孩可以做什么，有了较为固定的认识。

第四个阶段是 10 岁、11 岁的时候。孩子的性别认识会再次强化，性别特征的刻板观念已经能和成年人相提并论了。

了解了不同年龄段孩子的性别认知特点，在孩子性别认知的问题上，家长就可以减轻一些焦虑。孩子很有可能只是在探索和学习自己的性别角色。

对于在某个年龄段开始对裙子感兴趣的男孩，或者对男孩的玩具感兴趣的女孩，家长可以给孩子一个体验的过程。你甚至可以大大方方地让男孩子穿几次裙子，彻底去满足孩子的好奇心。要让孩子有接触和了解异性的生活的机会，才能正向引导他们的探索行为。

如果孩子很长时间，甚至到了青春期还是这样，那家长可以先反思一下：男孩喜欢粉色真的是一个问题吗？女孩不淑女，大大咧咧真的是一个问题吗？如果孩子就是发自内心地喜欢粉色，我们是否可以尊重孩子的个性？如果担心孩子因此而受到同伴的嘲笑和排挤，我们是教孩子更勇敢地面对，还是教孩子去迎合别人的看法，改变自己呢？

有问必答

提问：

儿子5岁半，半月前让我给他买裙子、公主鞋和发卡，他会把自己关到房间里偷偷地穿裙子。昨天他又要我买芭蕾裙和天使翅膀，我也买了。想请教，孩子这是怎么回事？

回答：

不要太早给孩子贴标签，不要觉得孩子这样就是他想成为一个女孩。裙子、公主鞋和发卡在成年人眼中是女孩的服饰，但在孩子眼中只是漂亮的衣服、鞋子和发饰。很多东西在孩子眼中是没有性别之分的，就像一个好玩儿的玩具，只要好玩儿，男孩女孩都想玩。随着孩子的成长，社会环境和文化不断告诉他们哪个是女孩的玩具，哪个是男孩的玩具，他才会逐渐形成相关意识。

那么男孩真的可以穿裙子和公主鞋、戴发卡吗？为什么不能呢？既然孩子好奇，甚至都已经穿了戴了，倒不如大大方方地让他体验。可能你越是不允许，他就越渴望，会适得其反。当他体验过了，也许很快就没那么渴望了。

你可以尝试

想想假如有一天，你6岁的儿子想穿裙子，你会同意吗？6岁的女儿说，她想成为男生，你会如何与她沟通？

如何看待孩子的恋父情结或恋母情结？

本节核心问题： 恋父情结、恋母情结的背后反映了什么问题？
如何应对孩子的恋父情结或恋母情结？

我的孩子很黏我，看不见我就哭

有一次我约了一个朋友吃饭，恰巧那天她 4 岁的女儿没人照顾，她索性就把孩子也带了过来。在吃饭的过程中，她对我袒露自己的女儿太黏她，看不见她就哭，让她觉得有些苦恼。

小女孩只有 4 岁，好奇心和探索欲都非常强。她一会儿摸摸餐厅里的绿植，一会儿又爬上装饰用的栏杆看隔壁桌的人吃饭。孩子在我们吃饭的饭桌附近活动，她妈妈却每隔一会儿都会对女儿说："别弄那个，快过来。""别玩了，坐我旁边。""不要往外面跑，妈妈会担心。"直到最后孩子乖乖地坐在她身边，她才安下心开始剥虾给孩子吃。

感情都是双向的，妈妈说孩子黏自己，又何尝不是妈妈黏孩子？

7 岁的男孩讨厌爸爸

有一位妈妈向我们咨询。她的儿子今年 7 岁，一次孩子参加亲人的婚宴后回到家对她说："妈妈，长大以后我要娶你当老婆。"她对孩子说："不行，妈妈已经嫁给爸爸了。"孩子听完以后非常难过。她又回想起平时孩子和自己的关系非常亲密，有时候看见爸爸妈妈之间有亲吻、拥抱的行为，他就会表现得特别不开心，像吃醋一样。好几次睡觉时，孩子都会要求爸爸去其他房间，妈妈只能和他一起睡觉。

这位妈妈很担心自己孩子这样的表现属于恋母情结。我问她："平时孩子和爸爸之间的互动多吗？"她说："爸爸带孩子比较粗糙，觉得养男孩不用太矫情，孩子犯错的时候，他出现教训下就可以了。"我又问她："相比于爸爸，孩子和你更亲，你开心吗？"她说："心里是有些开心，但还是会担心这样的情况对孩子以后的成长有不好的影响。"

恋母情结，又称俄狄浦斯情结，最早由弗洛伊德在 1913 年出版的《图腾与禁忌》一书中提出。相传在希腊神话中，王子俄狄浦斯无意中杀死生父，娶母为妻。弗洛伊德以此指出男孩在幼时依恋母亲、排斥父亲的情结。与恋母情结相对应的是恋父情结，指女孩依恋父亲，排斥母亲的情结。目前社会的共识是，这两种情结是孩子在发展过程中普遍存在的，每个人多多少少都会有那么一点儿。而其实，这是孩子成长过程中的正常现象，并不会影响孩子未来的择偶和两性关系。

不过，这都是理论，我们生活中遇到的所谓的恋母、恋父情结，可能只是养育过程中，父母其中一位角色缺失的表现。如果每天照料孩子的只有妈妈，爸爸只是偶尔出现教训一下孩子，孩子自然会依恋妈妈，觉得爸爸是在和自己抢妈妈。同样的道理，如果每天照料孩子的只有爸爸，孩子也会更加依恋爸爸。

3 岁的女儿超黏爸爸

还有一位妈妈向我咨询："我女儿 3 岁，现在特别黏她爸爸。我对女儿说这是我老公，她就说是她老公。孩子什么东西都要给她爸爸留着，和她爸爸的感情特别好。"

我问她："平时爸爸照顾孩子更多一些吗？"她回答："是的。我平时工作忙，确实没有她爸爸陪伴孩子多。加上我睡眠浅，也都是她爸爸带着孩子睡觉。"

在这段关系中，孩子被爸爸照料得更多一些，与爸爸的互动远多于妈妈，孩子和爸爸的关系自然会更加亲密。孩子之所以说爸爸是她的老公，是因为这个年龄段的孩子还不会很清晰地界定人与人之间的各种关系。孩子模糊地认为两个人之间最好的关系是夫妻关系，就像爸爸和妈妈一样。所以，她会认为既然自己和爸爸的关系是最好的，那爸爸就是自己的老公，就像儿子说长大以后要娶妈妈当老婆一样。随着孩子的成长，他们会慢慢意识到亲子关系也是很好的关系。到了那个时候，女儿自然也就不会和妈妈"抢老公"了。这里需要提醒家长的是，孩子出现这种恋父、恋母的现象，应该引起父母一定的反思。在照料孩子的过程中，父母是不是有一方严重缺位？是不是有一方照顾孩子太少了？或者是不是有一方自己沉醉在这种情感中了？

在我们传统家庭的角色分工中，大部分是男主外，女主内。丈夫负责挣钱养家就行了，至于带孩子，那完全是妻子的义务，必要时丈夫唱唱黑脸，管制下孩子就可以了。而对妻子而言，孩子甚至是自己的全部。在很多妻子眼中，亲子关系排第一，连夫妻关系也得往后靠。在这样的家庭中，我们不难想象孩子和谁最亲，孩子会"恋"上谁，孩子又会讨厌谁。

所以，当孩子对爸爸表现出排斥和抗拒时，爸爸一定要反思：自己对孩子的关注、照顾和爱是不是太少了？孩子无法从爸爸身上获得关爱，爸爸还动不动就教训孩子，孩子肯定不会喜欢爸爸。爸爸要多花些时间陪伴孩子，让孩子感受到自己与爸爸在一起时也很开心、快乐。

当然，爸爸妈妈都应该达成这样的共识：夫妻关系是第一位的，亲子关系是第二位的。在良好的夫妻关系中，家长自然会减少对孩子感情的过分输入。

我们遇到过很多妈妈嘴上表示自己很担心孩子有恋母情结，

但是心里比谁都开心，尤其是孩子当着爸爸的面说"讨厌爸爸，喜欢妈妈"的时候，妈妈心里简直乐开了花。不管是觉得女儿有恋父情结的爸爸，还是觉得儿子有恋母情结的妈妈，可千万别得意，你的微笑、得意都在给孩子反馈：说得真棒！

孩子健康的依恋发展规律，应该是从对一个个体的依恋，发展到对更多个体的依恋。在孩子能与更多个体建立依恋关系以后，他的安全感会更强。当孩子觉得妈妈爱我，爸爸也爱我时，这个世界会让他感到更安全。当孩子觉得"我们一家三口是相亲相爱的一家人"时，孩子会更爱自己，未来爱别人的能力也会更强。

有问必答

提问：

我们家孩子好像有点恋母情结。孩子 4 岁的时候，我和他爸爸离婚了。我准备二婚时，也获得了孩子的同意，但是现在孩子不让我生二宝。可以说是我走一步，他跟一步。他已经 12 岁了，还像个小孩子一样让我亲他，我干什么、去哪儿，他都要问得很清楚。还说他以后结婚了也要和我在一起。我很爱现在的老公，也感到很幸福，但是面对孩子的这个问题却束手无策。我特别苦恼，不知道该如何处理。

回答：

小时候爸爸的缺位导致孩子只能从妈妈身上获取爱，自然会特别依恋妈妈。任何感情都是双向的，相信妈妈自己在这段关系中也投入了很多感情。12 岁的孩子还会要求妈妈亲他，一定是之前就有这习惯。面对妈妈再婚，一个陌生人要来和自己抢妈妈，甚至还可能再有一个孩子来平分妈妈的爱，孩子自然会有很多不情愿。

建议多和孩子沟通，可以这样说：妈妈对你的爱是母亲对儿子的爱，这种爱是独一无二的。妈妈对老公的爱是夫妻的爱，这种爱也是独一无二的。这两种爱不冲突，也不会一种被另一种替代，妈妈爱老公，也爱你。等你长大以后，你也会遇到一个你爱的女孩，你会对她有恋人的爱，你也依然会爱妈妈，妈妈也依然会爱你。

另外妈妈还要做到两点。第一，鼓励孩子和同伴有更多的交往，让孩子能从与同伴的社交中获得认同和友情，从而丰富孩子的情感，让他不再只依恋妈妈。第二，温柔且坚定地减少与孩子之间诸如亲吻、汇报行程这样的行为，减少因为考虑孩子感受而忽略爱人感受的情况。孩子需要从以前那种和妈妈黏在一起的生活中逐渐独立，妈妈也需要去追寻自己的幸福。

你可以尝试

你与爱人在养育孩子的过程中如果出现角色缺失的情况，你会怎么处理这个问题？

孩子有特殊的"癖好"怎么办?

本节核心问题: 如何看待孩子的特殊行为?

如何了解孩子行为背后的诉求?

有一位来咨询的家长说,她 6 岁的儿子特别喜欢摸她的腿和脚。幼儿园老师也和她说过很多次,说孩子经常在学校摸其他孩子的脚,老师怎么说他都不听。有时候家里来亲戚了,孩子也会直接跑过去摸对方的脚。他说他喜欢摸妈妈的脚,不喜欢爸爸的臭脚丫。这位妈妈特别担心她儿子有什么怪癖,以后会一直有这种行为。

这位妈妈向我们咨询的时候,她的焦虑非常明显。她特别担心自己的孩子有恋足癖。但是问题来了,她又不好意思针对这个话题和孩子沟通。她曾经试着和孩子沟通了一次,孩子表现出不好意思,没说为什么。这让她更加不知所措。

对于有这样困扰的家长,我们的建议是:千万不要给孩子贴标签,不要急着给孩子定性。孩子这种行为背后的原因可能只是好奇,也可能只是觉得好玩儿。家长要多和孩子沟通,了解孩子的真实想法。

后来,这位妈妈鼓起勇气和孩子反复沟通,孩子才说出他的想法。原来他是喜欢脚掌部分的肉，因为他觉得那个部分摸起来特别舒服，所以一直摸。妈妈知道孩子的真实想法以后如释重负，在家里的时候，对于孩子摸她脚的行为也不再介意了。后来大概过了半年，她向我们反馈说孩子对脚已经完全没兴趣了。

成年人恋足更多带有强烈的性欲色彩，而这个案例中，孩子只是单纯地喜欢那种触感。这是两种完全不同的行为。家长对孩子行为的担忧虽然没有通过语言向孩子表达出来，但是孩子可以很敏感地察觉到。家长的尴尬会让孩子觉得这种行为是怪异的，所以家长向孩子询问的时候，孩子会表现出不好意思，从而不去表达自己的真实想法。因此，家长向孩子询问时，一定要保持平静的语气，不要太早给孩子贴上标签。否则你的焦虑、不安孩子都能敏感地察觉到。

我们还遇到过 5 岁的孩子特别喜欢妈妈的丝袜的情况，每次看到妈妈穿丝袜，都会伸手去摸，家长也一度怀疑孩子是不是对丝袜有某种特殊癖好。我们也是鼓励家长不要给孩子贴标签，耐心去询问孩子为什么喜欢丝袜，让孩子去描述摸丝袜时的具体感觉。后来才发现，原来孩子只是喜欢摸丝袜带来的触感，妈妈给他类似材料的东西，孩子也很喜欢摸。

孩子本来就是一个多变的个体，对各种各样的新鲜事物都会产生兴趣，这是人类探索世界的本能。最可怕的就是家长给孩子贴上标签以后，无论孩子有什么表现，家长都会往那个标签上想，结果孩子自己也被家长"洗脑"，觉得自己是一个"有问题"的人。

我们还遇到过这样一个案例。一个4岁的男孩有一次看见两个小女孩彼此对着耳朵说话以后，他也对着妈妈、妹妹的耳朵说悄悄话。说悄悄话的同时，男孩会捏自己的阴茎，而阴茎会勃起。在这个案例中我们发现：4岁男孩和妈妈、妹妹说悄悄话的行为会引起他阴茎勃起。

我们可能一直以为只有成年人或者性开始成熟的青少年才有性，事实上，儿童也有性。从出生到死亡，性会伴随人的一生。只是当性发生时，我们可能因为没有接受过性教育而未曾察觉，即便接受过性教育，也因为太小，后来都忘了。大家不必感到不可思议。说不定哪天，我们的孩子也会遇到类似的事情。我们应该坦然科学地看待这些事，而不是吓得要带孩子去医院。因为男性在幼儿时期阴茎勃起是再正常不过的。

接着有人可能会好奇：为什么讲悄悄话的这种行为会引起孩子阴茎勃起？每个人读取性信息的来源不一样。成年男性有的看到女性的胸部会阴茎勃起，有的看到女性的臀部会阴茎勃起，还有的看到女性的手、脚会阴茎勃起。同样，女性也是如此，有的看到一个浑身肌肉的男性会有性欲，有的看到一个脸长得特别帅的男性会有性欲。而对孩子这样的行为，家长们也不用担心，孩子读取性信息的能力和来源是会改变的。这样的行为可能会随着孩子认知的变化而逐渐消失。

那么，发现孩子有诸如此类的性活动时，家长应该怎么办呢?

首先,家长不要担心,不要认为孩子性早熟。男孩不管是阴茎勃起还是去捏自己的阴茎,都是很正常的现象。

然后,我们可以问问孩子,他和妈妈、妹妹说悄悄话时是什么感受,他捏生殖器时是什么感觉。我们可以告诉孩子:捏生殖器是一个私密的行为,你在妈妈面前捏自己的生殖器,会让妈妈觉得不舒服。你可以和妹妹说悄悄话,但是不可以在妹妹面前捏生殖器。人们不喜欢别人在自己面前捏生殖器,这对别人来说是不礼貌的行为。

有问必答

提问:

我有一个 5 岁的儿子和一个 1 岁 3 个月的女儿,最近儿子会把手往女儿尿尿的地方伸,有时还会亲她尿尿的地方。我该用什么样的方式让他认识到这是错误的行为?

回答:

作为一个妈妈,看到自己的儿子亲吻妹妹的阴部,肯定会有些焦虑。但希望你可以冷静、轻松地看待儿子的这种行为,否则你的紧张、焦虑、慌张会让事情变得严重。

你儿子的这种行为和成年人理解的性活动是完全不同的概念,我们不能用成年人的眼光去判断、评价孩子的行为。孩子出现这种行为的原因我们不能妄下定论,但是我们一定要对孩子进行合理引导。比如问问孩子为什么这么做,了解孩子行为背后的原因,有针对性地解答孩子的疑问,满足孩子的好奇心。最后引导孩子意识到妹妹的阴部是她的隐私部位,我们要尊重妹妹的隐私。

　　想想以往的育儿过程中，你是否在缺乏沟通的情况下直接给孩子的某种行为定了性？如果有，是什么事？如果现在重新处理，你会怎么做？

孩子看到父母做爱怎么办?

本节核心问题： 孩子撞见了父母做爱，
父母如何与孩子沟通?

假如你和爱人正在房间里做爱，这时候孩子突然打开房门冲了进来，并且哭着说："爸爸，你不要再欺负妈妈了，妈妈痛得一直在叫。"这个时候，你会怎么办?

我们曾拿这个问题做了一次调查，超过一半家长的回答是："不知道，估计到时候会什么都不说。"还有一部分家长的回答是："告诉孩子爸爸妈妈在玩游戏。"还有相当一部分有这样经历的家长是这么说的："妈妈肚子痛，爸爸在给妈妈按摩肚子。""孩子以为我们在打架，我就告诉孩子爸爸妈妈没在打架，其他就不多说了。"

调查结果一方面证实了这种情况在生活中发生的概率很高，另一方面也可以看出家长们面对这种情况的不知所措。

对此我们给出的应对建议是这样的。告诉孩子，爸爸并不是在欺负妈妈，爸爸妈妈是在做爱。这是爸爸妈妈之间互相表达爱的一种方式，这个方式会让爸爸妈妈开心。人与人之间表达爱的方式不一样。爸爸和妈妈会通过拥抱、亲吻、拉手、做爱来表达爱，爸爸妈妈和你会通过拥抱、亲吻脸颊、牵手来表达爱，你和小朋友会通过拥抱、牵手来表达爱。等你长大遇到喜欢的人，你也会通过这种方式来表达爱，但现在还不行。另外，这件事情也是爸爸妈妈的隐私，希望你下次进门的时候要敲门，并且能替爸爸妈妈保守这个秘密。

不难发现，即使没有接受过系统的性教育，一个成年人也是有能力给出这个答案的。只是太多家长在面对这个问题的时候，第一感觉是太难了，太让人不好意思了，所以没有试着去认真想，更不用说去想如何用自己的话把这些内容传递给孩子。

家长自己请一定放轻松。 虽然我们希望尽量避免让孩子看到自己的性行为，但是看到父母的性行为并不代表会给孩子留下心理阴影。家长不坦诚地面对，加上孩子受到性羞耻的社会文化影响，才可能会造成孩子对此形成误解。大多数 6 岁以前的孩子并不能理解性行为是什么，他们更多是在好奇爸爸妈妈到底在干什么。

我们不如一起来想想事情发生后该怎么跟孩子沟通。

第一步

问问孩子看到了什么，了解孩子是怎么理解这种行为的。假如孩子根本不感兴趣，也没放在心上，那么家长也不需要刻意告诉孩子。如果孩子懂事比较早，并且表现出害羞，显然孩子已经模模糊糊知道了一些。

第二步

告诉孩子爸爸妈妈是在做爱，这是爸爸妈妈表达爱的方式。如果孩子已在某种程度上受到社会的影响，觉得那是一件非常恶心的事情，家长更要语气自然地告诉孩子：这并不恶心，爸爸妈妈会通过这种方式来表达爱。并且，每个孩子都是因为爸爸妈妈的这种行为才来到世界上的。这是一件非常美好的事情。

第三步

如果实在担心孩子会因此而模仿，可以把自己的担忧和建议告诉孩子。比如告诉孩子："你现在还小，还不能模仿这个行为，得等你长大成人以后才可以，否则会让你和其他人的身体受伤，爸妈会很担心。"

第四步

告诉孩子这是隐私。这是爸爸妈妈的隐私，希望他能替爸爸妈妈保守这个秘密，不和别人说这件事。假设孩子是突然打开房门看见父母做爱的，也要告诉孩子：下次进门前要先敲门。

如果孩子已经好奇，发问了，那么家长一定要主动给孩子解释，否则孩子一定会想办法从其他渠道了解，与其这样，不如我们自己来告诉他。不同孩子的认知能力不同，家长不需要面面俱到，可以先了解孩子好奇什么、想了解什么，然后试着用孩子能够理解的语言解释给孩子听。最后，性是一个隐私的行为，但绝不是一件羞耻的事情。我们希望孩子都能从自己的父母那里以正确的态度了解性、认识性。

有问必答

提问：

我女儿4岁9个月，儿子14个月。前几天他们一起洗澡，女儿先是动动自己的生殖器，然后又动动弟弟的，后来竟然想要把它们合在一起，被我制止了。我问她从哪里看来的，她说是做梦梦到的。我们是和孩子一起睡觉的，有一次我和爱人做爱的时候，孩子醒过来了，但是我们是盖着被子的，她应该看不到。女儿洗澡时的这个举动背后的动因是什么？我该怎么做？

回答：

既然孩子说是做梦梦到的，可以猜测应该是见过父母之间发生性行为。虽然孩子醒来的那次有被子盖着，但是很有可能是之前或之后孩子见过，否则她不太可能做出将生殖器合在一起的动作。有的孩子会通过装睡来观察父母的性行为。这些都是孩子的本能，不必过于紧张，可以根据自己对孩子的接受程度判断，跟孩子聊聊。

你可以尝试

设想你和爱人在房间发生性行为，孩子突然冲了进来，并问你们在做什么。这个时候，你会如何回答孩子？

孩子在幼儿园"谈恋爱"了?

本节核心问题： 如何看待幼儿园阶段孩子的感情?
孩子在幼儿园出现诸如"谈恋爱"
的情况怎么办?

我们经常会接到家长这样的提问：孩子回家说自己在幼儿园有男朋友了，会不会是因为电视剧看太多导致孩子早熟? 甚至有的家长还说，孩子说在幼儿园里和小朋友接吻了。面对孩子在幼儿时期的这类情感，家长应该如何处理?

进入幼儿园，孩子算是进入了一个新的环境，接触的人群从原来的几乎只有家人变成了有很多的小朋友。随着孩子与孩子之间相处机会的增加，孩子自然会开始建立自己的人际关系。

而随着孩子的交际越来越频繁，孩子的情感也会进一步发展。这时候孩子对于情感的捕捉会变得更加敏感。根本不需要大人教，他们就能察觉到人与人之间有各种各样的关系存在。但孩子的认知是有限的，并不能清晰、成熟地给所有的关系做一个界定。

当孩子遇到一个相处愉快的小朋友，可能会想：到底我和他/她是什么关系呢? 由于孩子在生命中最先了解的是爸爸和妈妈之间的夫妻关系，于是他/她会觉得自己和这个小朋友这么好，也应该是家庭中爸爸妈妈的亲密关系，所以他／她可能想当然地认为他们俩应该是夫妻关系，长大以后一定要娶她／嫁给他。

这很可能只是孩子最初简单纯真的想法，而随着他接触的小朋友越来越多，他会慢慢发现朋友中还会有好朋友、一般的朋友、只是认识的朋友等更复杂的关系。渐渐地，他也会更加清晰地界定朋友关系，也会逐渐明晰夫妻、情侣和朋友之间的区别。

当下的孩子接触电视、网络的机会越来越多，越来越早。不仅是恋爱行为，电视里的很多镜头孩子都会去模仿，这是非常正常的情况，并不能说明孩子早熟。家长保持理解的态度就可以，一般不用多加干预。

当然，如果孩子对其他小朋友做出了一些身体上的亲密举动，家长也要及时引导，让孩子学会把握在和小朋友交往时的身体界限，避免对他人造成不必要的困扰。

在性教育中，我们不仅要告诉孩子某种行为不可以，还要告诉孩子什么行为是更合适的。

另外，对孩子而言，不管是亲吻还是拥抱都谈不上是"吃亏了"。在孩子眼中，一切都是最简单自然的表达。所以，当家长发现孩子出现亲吻之类亲密行为的时候，千万不要大惊小怪。我们可以先问问孩子为什么亲吻对方，是不是想要表达自己的喜欢。如果是，我们可以告诉孩子：小朋友之间表达喜欢可以拥抱和牵手，等你们两个都长大了，如果你还喜欢他，他也喜欢你，你们才可以亲吻。

除了亲密行为，孩子还会有一些语言上的情感表达。曾经有一位妈妈和我分享，有一天孩子回到家对她说，他喜欢上了班里的一个女孩，他现在是她的男朋友，还说他们说好了长大以后要结婚。而这位妈妈一时竟不知道该如何去引导孩子。很多家长都想知道该怎么向孩子解释"这不是爱情，只是友情"。大家都能明白，这个阶段的孩子之间的感情肯定算不上是恋爱，更多的是对成年人关系的模仿和探索。只是孩子把友情误解成了爱情。也许，过几天因为这个女孩没和他说话，他就不喜欢她了。那么，我们有没有必要在这个时候去纠正孩子，告诉他"你还小，不懂，这只是友情，不是爱情"呢？

也许没有这个必要。这只是孩子无意中给家长提供了一个了解他的机会。我们完全可以利用这样的一个机会和孩子聊聊天，问问孩子：你为什么会喜欢他？他哪里好？他喜欢你吗？那你想怎么对他好呢？甚至家长也可以告诉孩子：那你可以和他分享自己喜欢的零食或者玩具。等孩子过几天又不喜欢那个孩子了，家长仍旧可以像和好友聊天一样问问孩子：你为什么不喜欢他啦？发生了什么？

我们更可以通过这样的对话让孩子明白：不管是什么话题，甚至是一些情感问题，都可以和家长聊；家长不会一味地制止，而是会倾听，会帮他出主意，也会安慰他。家长和孩子之间建立这样一个沟通模式以后，等孩子再大一些，真的遇到情感上的问题时，也会主动向家长寻求帮助。那时候家长还是可以给孩子提供自己的建议。如果在孩子小的时候，父母就简单粗暴地告诉他"不可以"，那么等他长大了，他很可能下意识地觉得"我不能告诉父母，他们肯定不同意"。那时候就算父母想主动和孩子沟通，孩子也不会愿意和父母沟通了。

有问必答

提问：
8 岁的儿子对女孩说"我爱你"，还单膝下跪献花，我该怎么办？

回答：
接受不了如此纯情的示好，对这个年纪的孩子，还有哪种表达方式是你能接受的？

追问：
我能接受的就是小孩子在一起玩一些健康的游戏，比如一起玩轮滑、踢球等。我是不是需要在这方面对孩子加以引导？

回答：
那你可以告诉孩子，如果喜欢那个女孩，可以约她一起玩轮滑、踢球，而不是单膝下跪。觉得孩子表达喜欢的方式不成熟，可以教他一个成熟的方式，但一定别去否定孩子的情感。这个年纪有这个年纪特有的美好情感，虽然不成熟，但是也很美好。除了教他大家都能接受的方式，父母真的不必过多干涉。

你可以尝试

设想 6 岁的孩子回家告诉你，他 / 她长大以后要娶 / 嫁给某某某，你会怎么回应他 / 她。

孩子有"夹腿综合征"怎么办？

本节核心问题：	如何看待孩子的自慰行为？
	孩子为什么会有自慰行为？
	孩子频繁自慰怎么办？

近年来，不断有媒体报道说，妇产科医生在对孕妇进行超声检查时，发现胎儿竟然正在孕妇肚子里自慰。有报道称，一名 27 周的男胎儿发生了生殖器勃起。而医生表示这是正常现象，曾有人发现 24 周的胎儿就有自慰行为。

《美国妇产科杂志》也记录过一名 32 周的女胎儿自慰的全过程：胎儿用右手触摸外阴，主要集中在阴蒂区域，这一行为持续了 30~40 秒，过一会儿又再次开始，并且伴随骨盆和双腿的活动；之后，胎儿躯干和四肢的肌肉呈现出达到高潮的肌肉痉挛，胎儿最终放松休息，而这一过程持续了近 20 分钟。

我们在日常工作中也接受过大量关于儿童自慰行为的咨询。

"我家宝宝 26 个月，在 16 个月的时候就开始夹腿，用身体摩擦沙发和床沿。我小时候也会这样，是不是遗传啊？"

"我家宝宝快 30 个月了，最近自己一个人的时候会玩阴茎。该怎么引导孩子啊？这会产生个人卫生方面的问题吗？"

"我们家儿子 4 岁，两个月前开始早上睡醒之后会赖在床上挤压小鸡鸡玩，我不知道该怎么阻止孩子这种行为。"

"我们家女儿今年 6 岁，大概一年前开始把被子夹在两腿之间来回摩擦，一会儿就满头大汗。"

…………

这些提问来自大量焦虑、紧张的家长，大家担心的无非是下面几个问题：

"为什么我们家孩子会有这种行为？"

"是不是就我们家孩子这样？"

"我家孩子是不是性早熟？我家孩子的这种行为是不是不正常？"

"该如何让孩子戒掉这种行为？"

幼儿期的孩子自慰到底是不是性早熟？正不正常？

这种行为很正常，不是性早熟。性是人类与生俱来的，从精子卵子结合的那刻起，性就存在了。孩子的性感觉神经是不断发展完善的，并不是到了青春期才开始发育。胎儿在妈妈肚子里大概 4 个月的时候，生殖系统已经发育成形，此时阴蒂和阴茎内就有神经末梢，更何况是出生以后的婴幼儿。所以，孩子触碰自己的生殖器给自己带来舒服的感觉是非常正常的生理现象，而非性早熟。网络上有一个专门用来形容这个行为的词叫作"夹腿综合征",乍一看还以为是某种疾病的名称,其实医学上根本没有这个病症名,这种行为也不被医学领域认定为一种疾病。

现实生活中,任何一个幼儿园的老师都会发现,班里总会有几个孩子在午睡的时候有自慰行为。自慰行为虽然不是每个孩子都有,但确实很常见。

很多家长第一次发现孩子有自慰行为时,都不太好意思和其他家长交流,有点"家丑不可外扬"的意思。因为大多数家长真的不知道这是一种正常的生理现象。

孩子为什么会有自慰行为?

前面讲过,孩子的生殖器被触碰时会有舒服的生理反应,那么当孩子体验到这种感觉以后,自然会好奇并且去探索。有时候孩子摸摸这儿,摸摸那儿,恰好摸到了生殖器,引起了反应,觉得新奇、好玩儿,就会反复去触碰。有时候则是成年人给孩子换纸尿裤时,纸尿裤与生殖器的摩擦引起了孩子的感觉。

我们家孩子自慰很频繁怎么办?

频繁是一个相对主观的词。在有些家长看来,一天一次很频繁;而在另一些家长看来,三天一次也很频繁。科学上,目前没有一个所谓一天几次或几天一次就算频繁的标准。

我们几年来接触到的相关案例，大致呈现出这样一种情况：在较长时间内情绪焦虑的孩子容易更多地出现自慰行为。比如，家庭中刚有了二宝，大宝受到的关注突然变少，这时，焦虑的大宝可能就会用自慰来自我缓解。而如果孩子总是焦虑，那他就可能总是自慰。同理，父母经常争吵，父母与孩子有较长时间的亲子分离，或者刚进幼儿园，都会给孩子带来一定程度的焦虑，孩子在这些焦虑情绪下，就可能自慰。

有时候自慰能侧面反映出孩子的精神状态。如果他能通过学习、游戏、与同伴交往等活动获得精神满足，就不会频繁自慰。所以，当家长发现孩子持续性地自慰，不爱做其他事情时，应该反思一下：是不是孩子的生活太无聊了？是不是家长对孩子的关注减少引起了孩子的焦虑？是不是孩子最近遇到了什么挑战？

该如何让孩子戒掉自慰行为？

孩子有焦虑情绪，这不难理解。当感觉无聊、焦虑、不安时，成年人会选择一种让自己放松的方式来缓解负面情绪。孩子同样也会有负面情绪，但是这个年纪的孩子并没有我们成年人那么多成熟理性的方式来缓解情绪。自慰对孩子而言是一个最方便、最舒服也最有效的方式。随着孩子逐渐成长，他的心理承受能力会越来越强大，能引起他焦虑的事情会越来越少。与此同时，他会越来越成熟，处理情绪的方式会越来越多。这样，他自然就会减少甚至摆脱靠自慰来缓解负面情绪的做法。

当家长想着去阻止或者让孩子戒掉自慰的时候，其实已经把自慰看得不太好，甚至认为是需要治疗的。目前在大多数人的观念中，性还是成年人才能有的行为，孩子太小就有是一种"失足"，自慰更是一种对身体有害的行为。

面对孩子的自慰，家长难免感到恐慌。但事实的确不是很多人误认为的那样。性是与生俱来的，性感觉从胚胎发育的时候就有了。胎儿有，婴儿有，青少年有，成年人有，老人有。自慰是正常的，如果不是过度频繁，则对人体没什么影响。

我们就彻底不管孩子的自慰行为了吗？

我们当然要关注孩子的行为，但并不适合让孩子停止自慰。性行为就像人要吃饭喝水一样，是一种自然的生理反应。

另外，发现孩子自慰，家长应该避免用打骂的方式回应孩子。除了打骂本身的坏处，这还会让孩子对性产生某种罪恶感。如果孩子有性愉悦的感觉或者他在触碰生殖器的时候，得到打、骂的负面反馈，他很可能下意识地认为这种行为以及行为带来的感觉是错误的，是不应该有的。美国心理学家洛钦斯提出了首因效应的概念，也叫作第一印象效应，是说如果一个人对某件事情或者某个人的第一印象是消极的，那么他就很难改变对其的印象，甚至会不断强化这个消极的印象。人对性的初体验会对这个人以后的性观念和性模式产生极大的影响。一旦孩子对性的第一印象是消极负面的，成年后进入两性关系中也会受到第一印象的消极影响。这应该是家长更不想看到的。

那么在这个问题上，家长应该如何正确引导孩子呢？我们要教孩子遵守社会的道德规范和一些生理知识。比如，自慰属于私密的行为，不可以在别人面前或者在公共场合自慰。比如，生殖器是我们身体宝贵的器官，我们要保护好它。比如，手脏的时候不能摸生殖器，也不可以用尖锐的东西戳生殖器，更不能把什么东西塞到生殖器里，因为这样做会让生殖器受伤。隐私、卫生、安全，是我们需要引导孩子理解的重要原则。

有的家长会问：我很耐心地向我们家孩子说了隐私的概念，孩子还是会在别人面前自慰怎么办？

孩子的自控能力有限，2~3岁的孩子既不懂隐私的概念，也不懂社会规范，更多是以自我为中心。这个年龄段的孩子，要他注意隐私、卫生、安全，他可能很难完全明白。遇到孩子在他人面前摸自己生殖器的情况，我们可以通过转移注意力的方式来停止孩子的行为，比如拿出孩子感兴趣的玩具、食物来分散他的注意力。而如果孩子已经能够理解社会规范，也拥有了一定的自控能力，我们就可以通过正向鼓励，来让孩子对隐私问题产生逐渐清晰的意识。这个时候我们要温柔一些、耐心一些，帮助孩子意识到遵循社会规范、理解隐私的重要性。

你可以尝试 \\\

反思一下，你一直以来对自慰的态度是什么样的。你现在能接受孩子的自慰行为吗？

\\\

孩子看到妈妈的卫生巾怎么办?

| **本节核心问题:** 家长如何向孩子解释什么是月经?

我们曾在家长群里发起过一个话题讨论:假如妈妈的卫生巾被孩子看见了,作为家长,你会怎么办?

以下摘选出一些有意思的回答分享给大家。

来自北京 3 岁女孩的妈妈

我家宝宝 2 岁多就看到了我来月经用的卫生巾了,当时我告诉她,这卫生巾是我的纸尿裤,特殊时期用的。后来她又去关注爸爸尿尿什么的,我觉得不能再那么敷衍了,就告诉她:"妈妈每个月都会来例假,科学的叫法是月经,每个月都有,你长大了也会有,来了月经要用卫生巾。"我还告诉她什么是卫生巾。她并没有什么特殊的表现。这样挺好的,有时候临时出状况,我让她帮我拿卫生巾,比使唤老公还好使呢!

来自成都 5 岁女孩的妈妈

我女儿在两三岁时就看见过,说妈妈流血了。我说:"这是妈妈来月经了,以后你长大了也会来月经。妈妈用的这个叫卫生巾,就和你小时候用的拉拉裤差不多，可以防止妈妈把裤子或裙子弄脏。"现在女儿5岁多了，前天放学回来告诉我："妈妈，你知道吗？这几天我们郭老师和顾老师不舒服。"我问："她们怎么了？"女儿说："她们来月经，肚子痛。"我说："老师身体不舒服，你在学校要乖一点儿哟。"

来自重庆4岁男孩的妈妈

我家宝宝是男孩，有一次看到我换卫生巾觉得很稀奇。我就直接告诉他："女性的生理期又叫月经或例假。女孩长大了每月都有几天会排出血一样的东西，是身体不需要的废弃物。"他偶尔会好奇我怎么换卫生巾。一开始我也会把卫生巾给他"研究"，告诉他这和他的纸尿裤功能一样，紧急时也喊他帮我拿。现在他对这事已经不感兴趣了。

上面这几位家长做得都不错。

古时候，由于人们缺乏对月经的科学认识，再加上对流血的恐惧，曾把女性的月经视为一件坏事。在有些地方，来月经的女性甚至不能上桌吃饭，不能祭祀祖先。月经甚至还有一个外号叫作"倒霉"。在这种文化的长期影响下，尽管现在大家已经知道月经是正常的生理现象，但还是有很多女性将月经视为一件羞耻的事。而如果妈妈带着这样的羞耻感去教育孩子，那么，孩子就必然会带着同样的羞耻感长大。

来月经本来是一件平常自然的事情，甚至在一定程度上代表着身体的健康。可是在错误观念的影响下，月经却成为女性人生中的"污点"。这就有些荒唐和令人惋惜了。

现在，我们急切地希望性教育可以改变社会上错误的性观念，希望月经不再被视为"倒霉"。我们真诚地希望性教育能让每个男孩认识月经，给予女孩基本的尊重与理解。更希望性教育让每个女孩都接纳自己身体的变化，而不会为此感到无端的羞耻和慌张。

好了，从现在开始，如果孩子撞见妈妈来月经，看到卫生巾，表示出了好奇，就请鼓起勇气，大大方方地向孩子解释它们是什么吧！

有问必答

提问：

4岁的女儿在公共卫生间看到带经血的卫生巾，问怎么会有血，我该怎么解释和引导？

回答：

简单直接地告诉孩子，女孩长大以后每个月都会流血，我们叫它月经。这是很正常的。

然后观察孩子的反应。孩子好奇什么、问什么，家长就答什么。可能有的家长对此的第一反应是回避，但逼着自己去回答这个问题以后，会发现根本没什么。

你可以尝试

设想6岁的孩子突然问你为什么只有女的用卫生巾，你会如何回答他的问题。

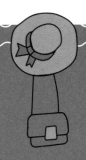

四、这些"尴尬"话题，
一定要跟孩子聊

7~10岁

被夸张的性早熟

本节核心问题： 传说中的那些食物真的会导致孩子性早熟吗？

如何判断孩子是否性早熟？

性早熟对孩子的危害有哪些？

如何应对孩子性早熟？

儿童性早熟一直是很多家长特别担心的问题。网络上充斥着各种关于孩子因为吃了什么、干了什么导致性早熟的文章。曾有媒体报道了一条新闻，标题是《9岁女孩性早熟，医生问了一个奇怪问题：拉丁舞跳不跳》。在这篇报道中，某儿科医生在找不到孩子性早熟原因的情况下，问了孩子一个奇怪的问题："你跳不跳拉丁舞？"该医生说："虽然在学术界还没有科学研究论证，但是我们从门诊多个案例发现，跳拉丁舞与小朋友性早熟之间有一定的联系。"

他是这么解释的："拉丁舞是一个社交舞种。跳舞的双方，一男一女，穿着和情绪都是热情洋溢的，并且它需要舞者之间有很强的互动。""男孩女孩要一起完成一些舞蹈动作。就像孩子到了一定的年龄还和爸妈同睡，孩子会逐渐注意到男女的性别差异，这对孩子的性认知发展有一定的影响，和性发育提前、性早熟、青春期发育加速有一定的关系。"

稍有医学常识的人都知道，这种毫无依据的推论非常具有误导性！不可否认，当下孩子青春期发育的时间确实是提前了。这是因为孩子们普遍营养比较充足，身体更容易达到发育所需要的营养条件。显然，发育的整体提前只是一个正常的社会现象，而非社会问题。

食物会引起性早熟？

近年来，网络上关于食物引起性早熟的谣言越来越多。反季节蔬菜水果、豆浆、快餐、小食品、保健品、鸭脖子，这些食品简直成了孩子性早熟的罪魁祸首。而其实，这些食物并不会直接导致性早熟。

反季节蔬菜水果并不是靠激素才生长、成熟的。人们主要是通过大棚设施、提高室温等手段改变它们的生长环境，从而让其提前成熟。个别不良商贩通过催熟剂或激素类药催熟反季节水果，这些药物可能引起其他问题，但是和孩子的性早熟不一定有必然关系。因为植物的激素与人体的激素在化学结构、作用原理上是完全不一样的，所以植物的激素对人体是不会起到催熟作用的。

豆浆里面的大豆异黄酮是植物激素的一种，它对人体的作用也是微乎其微。蜂王浆里虽然有动物激素，但含量真的很低，甚至比我们平时吃的猪肉、喝的牛奶中的动物激素含量还低。所以，孩子通常也不会因为豆浆和蜂王浆中的动物激素的摄入而被"催熟"。

至于桂圆、人参、天山雪莲等中医认为大补的食材，也没有任何研究证明它们会引起孩子的性早熟。不过给孩子吃那么补的东西没必要，日常的健康饮食就够了。

炸鸡等高热量食物会造成孩子肥胖。而肥胖和性早熟之间也并没有直接的因果关系。作为家长，当然要注意孩子日常饮食健康，但偶尔吃个炸鸡、薯条，真没什么大碍，不要长期大量吃就可以。

如何判断孩子是否出现性早熟？

再来说说家长如何判断自己的孩子是否出现性早熟，以及孩子出现性早熟以后如何应对。

根据中国卫生部 2010 年发布的《性早熟诊疗指南（试行）》中的定义，性早熟是指男童在 9 岁前、女童在 8 岁前呈现第二性征。也就是说，孩子提前出现了青春期发育的现象。

如果家长发现男孩 9 岁前睾丸、阴茎开始增大，身高增长速度突增，阴毛发育；女孩 8 岁前乳房发育，身高增长速度突增，有阴毛发育的情况，那我们考虑孩子可能有性早熟，建议带孩子去医院做检查。

根据中华预防医学会关于性早熟的诊断公式，我们可以知道，医院诊断孩子是否性早熟，一般通过这几种方法：B超观察性腺的发育情况、骨龄测定、生殖激素含量的水平测定和核磁共振。如果你怀疑孩子性早熟，最好的办法还是尽快带孩子去医院检查。

性早熟的分类

性早熟一般可以分为三类：真性性早熟（中枢性性早熟）、假性性早熟（外周性性早熟）和部分性性早熟。

真性性早熟是指孩子在标准年龄前乳房发育、长阴毛体毛的同时，像卵巢或睾丸这样释放性激素的主要器官也发育了。它和正常的发育一样，所有的程序都启动了。而假性性早熟则只体现为乳房发育、长阴毛体毛这些体表的改变，卵巢或睾丸还没有发育。这是"假"的发育。而部分性性早熟就是指标准年龄前只有部分第二性征出现，比如只是乳房发育了，或者只是长阴毛了，其他地方没发育。

性早熟的原因

假性性早熟一般是由外部性激素刺激引起的，比如孩子误食了避孕药。避孕药里是有足够剂量性激素的，会引起孩子性早熟。

真性性早熟则可能是由于中枢神经系统器质性病变，如下丘脑、垂体肿瘤或其他中枢神经系统病变而引起。这就需要做核磁共振来排除病变的可能。真性性早熟也有可能是由假性性早熟发展而来的。

人类的身体非常神秘，还有一些性早熟查不出原因。很多关于性早熟的研究资料都有一些猜测，而且集中于是肥胖引起了孩子性早熟。一种看法是肥胖影响了人体激素的分泌；另一种看法是肥胖代表身体营养很足，会反馈给下丘脑类似这样的信号："报告首长，身体的营养很棒，可以满足发育所需的条件，请求发育。"不过，这些研究目前还都处于假设阶段。

性早熟对孩子有什么危害？

性早熟对孩子的危害主要有以下两方面。

第一，影响孩子成年后的身高。受体内性激素影响，性早熟的孩子体格增长过早加速，骨骺会提前闭合，最终身高会低于同龄正常儿童。比如，女孩骨骺闭合时间在11.5岁之前，男孩骨骺闭合时间在12.5岁之前，预测成年身高为女孩低于150厘米，男孩低于160厘米。

第二，影响孩子心理健康。性早熟的孩子在身体上比同龄人更早发育，但同时心理和智力的发育仍处在实际年龄水平。

这时他们可能很难接纳自己与同伴的不同，在处理随之而来的压力时也就更容易出现自卑、焦虑、抑郁等负面情绪。

孩子性早熟，家长该怎么办？

从医学角度来说，目前治疗儿童性早熟最主要的方式是药物，比如注射促性腺激素，通过释放激素类似物来抑制过早的性发育。这样的治疗期间，医生会给孩子做多次检查，以确保孩子的发育正在被抑制。

但性早熟并不一定都需要治疗。部分性性早熟，如果骨龄测定以后显示并未影响孩子未来的身高，那么也不一定需要治疗。

也就是说，确保孩子的身高在正常范围，被医生和家长当作了治疗性早熟的最主要目标。

在医生已经确诊孩子性早熟的情况下，家长需要做的，是积极引导孩子对自己身高的认知。

在生活中，我们可能难免有"身高高是美好的，矮是可惜的"这样的偏见。事实是，身高不能成为决定一个人未来的成就和幸福的指数。所以孩子性早熟能及时得到治疗最好，倘若确实影响身高了，我们建议家长多向孩子传达"身高不决定未来"的积极价值观，而不是在孩子面前表现得很失望。

提早发育的孩子会承受一些额外的压力，难免处理不好自己的情绪。但是很难处理不代表不能处理。作为家长，通过性教育及时帮助孩子接纳身体变化，让他以一个乐观的心态去迎接生活，就是最好的选择。

有问必答

提问：

上周我发现女儿的乳房开始发育了。这个月 28 日她才 9 周岁。不知道这么早发育是否会影响她长个儿？

回答：

医学上性早熟的定义是指女孩 8 周岁前呈现第二性征发育，或者 10 周岁前月经初潮。单从这个描述上看，孩子的情况不属于性早熟。但既然已经有了这方面的担心，还是建议去医院做一个骨龄测定的检查，由专业的医生判断是否需要干预孩子的发育。

你可以尝试

想想看，你现在是如何看待有些孩子出现性早熟情况的。

妈妈，什么是"无痛人流"？

　　我们曾遇到这样一个案例。爸爸带孩子坐公交车，孩子看着公交站台上的广告牌，问爸爸："'无痛人流'是什么意思？"爸爸说，他当时明显感觉到周围的人向自己投来了异样的眼光。"机智"的爸爸连忙对孩子说："回家问你妈妈去。"于是，孩子回到家后就追着妈妈问："妈妈，什么是'无痛人流'啊？"

　　这种情况在日常生活中发生的概率其实很高。那么遇到这类情况，家长到底该怎么回答孩子呢？

　　我们可以这样回答：还记得你是从哪里来的吗？你是从妈妈肚子里来的。妈妈肚子里有一个地方叫子宫，小宝宝出生以前都住在里面。有些爸爸妈妈做好了准备，期待有一个宝宝，就会让受精卵在子宫里一点点长大，最后被妈妈生出来。也有些爸爸妈妈没有做好准备，觉得自己还没有能力照顾宝宝，他们就会选择用人流手术来避免宝宝的诞生。还有一些爸爸妈妈虽然做好了准备，医生却检查发现胎儿不健康，甚至有某种严重的疾病，爸爸妈妈这时候也会选择人流手术。还有一些情况，比如有些女孩因为遭到坏人的性侵害而怀孕，她们也可能选择做人流手术。因为做手术会痛，有些医院会给进行手术的女性打麻药，这样流产的时候就不会那么痛了。

其实，比起向孩子解释人流是什么，更重要的是向孩子解释我们如何看待人流。我们可以告诉孩子：无痛人流虽然不痛，但对女性的身体是有伤害的。人流手术做多了，有的女性可能就不容易怀孕了。所以，医生会呼吁大家少做人流手术。就像爸爸妈妈，如果不想再要一个宝宝的话，就要做好避孕工作。这样妈妈不会怀孕，也就不需要做人流手术。

如果想借机向孩子传达更深的一层意思，家长可以多跟孩子说一说，比如，照顾宝宝是一件很辛苦的事情，如果家长没有做好充足的准备，反而会让自己和宝宝都不开心。我们是做好准备才有的孩子，也希望自己的孩子以后成为一个有责任感的人。女孩要对自己的身体健康负责任，如果确定要发生性行为，应做好避孕措施，降低自己意外怀孕的风险。男孩也要对女孩的身体健康负责任，做好避孕措施，降低对方意外怀孕的风险。

当然，这些回答你并不需要全告诉孩子，根据你对孩子的判断，孩子能理解多少，就说多少。但如果孩子问你什么是流产，你选择回避，那是很不明智的。因为从你这里得不到答案，孩子终究会从其他途径寻找答案，甚至有可能把"三分钟无痛人流"当成避孕的手段。

有问必答

提问：

我怀二宝不幸流产了。大宝今年 7 岁，她还不知道我流产的事情，一直问我宝宝怎么样了。家里人说不要告诉她，我觉得应该告诉她，但是我该怎么跟她说呢？

回答：

既然孩子问了，没什么不能告诉孩子的。当然，比起告诉孩子流产是什么，更重要的是告诉孩子你是怎么看待流产的，以及向孩子传递你对这件事情的态度。你可以告诉大宝，妈妈也很期待这个宝宝的出生，但是很不幸，因为一些原因，宝宝不能来到这个世界了。我们都很难过，因为这个宝宝和你一样是爸爸妈妈爱的结晶。虽然这个宝宝没有了，但是妈妈还有机会再怀孕生一个小宝宝。也许再过一阵，还会有一个新的生命降临，我们可以一起等待。

你可以尝试 \\

试想孩子今天回到家问你什么是无痛人流，你会如何回答。

\\

孩子遇到露阴癖者怎么办?

本节核心问题： 孩子遇到露阴癖者怎么办?

我们遇到过这样一个案例。一个 10 岁的女孩，性格一直比较开朗，有几天放学，家长因为没时间接，就让她自己走回家。可孩子回来后，家长发现她有点不太对劲儿，连饭也没怎么吃。晚上妈妈到她房间问是不是发生什么事了，孩子刚开始不太愿意说，后来才告诉妈妈，她在放学路上看到一个迎面走过来的男人把自己的生殖器掏出来对着她边笑边玩。她吓得一路跑回了家。孩子说的时候都哭了。后来几天，妈妈发现女儿不愿意和男孩一起玩了，话也不怎么说，甚至有时候爸爸在家里穿得少，女儿看到也会立马躲开。妈妈实在不知道怎么开导女儿，特别着急，担心这件事对女儿产生不好的影响。

案例中的这个女孩是遇到了露阴癖者。露阴癖指在不适当的环境下，在异性面前公开暴露自己的生殖器，引起异性紧张的情绪反应，从而获得性快感的现象，是一种比较常见的性变态行为。我们在咨询工作中，遇到了不少与此相关的案例。几乎每一个遇到露阴癖者的人当时都特别害怕。

对于遇到露阴癖者这样的不可预见的突发事件，孩子觉得奇怪和害怕是很正常的。这也提醒了我们：是否需要提前告诉孩子有这样的人存在？曾有一位妈妈跟我们分享了自己的经历。她的妈妈遇到过这样的事情，曾这样跟她说："有一个精神病，他会在你面前露出生殖器，你不要理他，就当作没看见。"后来，这位妈妈真的碰到了露阴癖者，她很冷静地走了过去。虽然很紧张，但是她觉得自己胜利了，战胜了那个坏人。后来，她有了孩子，也在合适的机会把同样的话告诉了自己的孩子。

有的家长很忌讳和孩子讨论性，更不用说露阴癖，他们误认为孩子会好奇，甚至会去模仿。这个想法没有任何依据。而为什么有些人会有露阴这样的行为，目前科学上还没有定论。可以知道的是，这些人获得性快感的方式是露阴并且看到别人害怕的表情。所以，面对露阴癖者，最好的做法就是没有任何表情地走过去。当然，寻求警察的帮助也是一种很好的做法。

当孩子遇到此类情况，有父母或者其他人在身边时，大人可以立刻过来保护、安抚孩子，并且驱逐露阴癖者，孩子的害怕应该不会持续太久。当然，父母不可能时时刻刻都在孩子身边，更好的选择是为孩子提供安全的环境。假如孩子和你反馈了这类事情，家长一定要通知警察、学校，或者有关管理部门，用尽一切办法防止此类情况再次发生。如果孩子受到的影响比较大，家长可以在事发后的几天里多给孩子一些关心和照顾，让孩子重新获得安全感，而不至于因此产生心理阴影。

很多孩子遇到这样的事情，第一反应就是不能让任何人知道。这也是需要引起家长反思的。为什么孩子遇到这样的事情不选择告诉父母？是不是因为性教育的缺失，让孩子以为这样的话题是不可以讨论的？孩子憋屈、害怕，觉得自己受到了伤害，但是又不得不自己承担，越想越害怕，越想越难受。有的孩子甚至还会认为这是自己的错，并且开始排斥生殖器。这是大家最不愿意看到的情况。所以，我们还是建议家长平时多跟孩子沟通一些"尴尬"话题。

对遇到露阴癖者的孩子进行心理疏导的建议：

首先，需要被引导的是孩子的父母。如果父母对待这件事情的态度是觉得孩子受到了很大的打击或者侮辱，这很可能会对孩子造成二次伤害。谁都不希望这样的事情发生在自己孩子的身上，但是切记别把自己消极、悲观的态度传递给孩子，让孩子对这段经历进行负面的二次解读。

其次，在沟通的时候我们要告诉孩子，自己理解孩子的感受，尽量安抚孩子的情绪。当孩子情绪稳定下来，我们可以转移孩子的注意力，重点表扬他把这件事情说出来。然后告诉他，有露阴癖的人是需要精神治疗的，只有极少部分人会做这样不文明的行为。下次再遇到这样的人，快速离开就行了。

有问必答

提问：

我上大学时在公交车上看到过露阴癖者，当时觉得很不可思议，但也不知道该怎么处理。现在我女儿7岁，我在思考要不要跟孩子讲这方面的知识，让她提前知道会有这种人、这种事。我害怕她以后遇到不知道怎么处理，产生心理阴影。

回答：

非常有必要！虽然露阴癖者数量不多，但一个露阴癖者可以影响很多人，遇到过露阴癖者的人数量非常多。提早让孩子知道有这类人的存在，并教她如何应对非常重要。假如哪一天孩子真的遇到了，可以避免给她留下心理阴影。我们需要告诉孩子：生活中会有露阴癖者这样的人存在，他们需要接受精神治疗，他们的行为是病态的、非正常的；如果遇到这样的人，可以装作没看见，迅速离开；如果你遇到了露阴癖者，要第一时间告诉爸爸妈妈，我们会保护你。

你可以尝试

和孩子聊聊露阴癖这个话题，告诉孩子什么是露阴癖，遇到露阴癖者应该怎么办。

教孩子应对性侵害者的威胁

本节核心问题： 告诉孩子，万一遭遇性侵害者的威胁，他该怎么办。

　　近年来，性侵害儿童案件频发。我们看一些案件报道发现，很多孩子遭遇性侵害以后，不会选择告诉自己的父母。因为他们通常会受到来自坏人的威胁："如果你敢告诉你爸妈，我就会杀了你。"可以发现，即便孩子知道哪些是隐私部位，也有一定的自我保护意识，但是当我们问："如果坏人说'你要是敢告诉你爸妈，我就揍你'，那你们还会告诉自己的父母吗？"很多孩子还是会选择不说。

　　因此，我们有必要跟孩子强调：家人会保护你，坏人会被抓起来，警察可以很好地保护我们。在平时的生活中，家长不要对孩子开这种玩笑，比如"你再不听话，就让警察把你抓起来"。这样会让孩子对警察产生恐惧心理。我们应该教孩子信任警察，给孩子更多的安全感。

　　我们还可以尽早告诉孩子：坏人甚至有可能威胁你，说如果你告诉爸爸妈妈，他不但会揍你，还会去害你的爸爸妈妈。他们这样说，是为了骗你或者吓唬你。而且，你对坏人是可以说谎的，如果坏人威胁你，不让你把事情告诉爸爸妈妈，你可以先假意答应坏人，但是回到家以后，一定要把事情告诉爸妈。

另外，家长可以鼓励孩子：爸爸妈妈很高兴你把事情告诉我们。为什么要说这句话？因为很多孩子遭遇性侵害之后可能会担心：如果我把事情告诉爸爸妈妈，他们会不会打我？会不会骂我？

而事实也是如此：不管发生什么，爸爸妈妈都是爱孩子的。只有孩子把事情告诉家长，家长才能更好地保护孩子。

这里需要补充的是，防性侵害教育固然重要，但当我们对孩子进行性教育的时候，绝对不能只提性带来的危害。如果只向孩子传递性侵害会带来伤害的信息，很容易让孩子对性产生负面的印象。

举个例子，我们在向孩子介绍要遵守交通规则的时候，会告诉他如何避免被车撞。为什么孩子不害怕汽车？因为我们也会告诉孩子，汽车可以给生活带来便利，带我们到想去的地方。我们说了汽车可能带来的风险，也说了汽车非常积极的一面，这样孩子既懂得了遵守交通规则，又不会害怕汽车。

对孩子进行防性侵害教育也是一样。除了教孩子如何应对性侵害者的威胁，我们还要告诉孩子，正是因为有了性才有了我们每个人。性是爸爸妈妈之间亲密的行为，它并不是一件恶心、可怕的事情，我们只是要学会保护自己，规避那些性侵害带来的伤害。

有问必答

提问：

当孩子储备了一些性知识，但手无缚鸡之力时，是否可以考虑学些防身术？

回答：

孩子学习防身术并不是为了让孩子去和坏人对峙，而是为了让他在面对危险时能更勇敢和冷静。但保护孩子更多的是我们家长的义务，一个孩子就算武术练得再厉害，也很难打得过不会武术的成年人。

家长要做的主要还是引导孩子：遭受到异常的接触要勇于拒绝，遇到危险要及时告诉家人和警察。

你可以尝试

想想该如何鼓励孩子及时把遇到的不开心的事情告诉爸爸妈妈。

如何判断孩子是否遭遇性侵害?

| 本节核心问题: | 通过孩子的哪些行为表现,
可以发现孩子遭遇了性侵害?

　　研究了很多儿童遭遇性侵害的案件,我们发现了一个可怕的事实:很多孩子遭遇性侵害以后,隔了很长时间家人才发现孩子的异常,在这段时间里,孩子又持续性地遭受到多次伤害。很多家长发现孩子很不对劲,意识到出了问题时,已错过了很多补救的关键时间点。

　　有一位女性朋友曾和我分享了她小时候的经历。她曾在小学被校长猥亵。第一次的时候,校长还只是对她有一些身体上的触摸。因为从来没有人教她这些,她也不知道这种行为意味着什么。她觉得校长的行为不对,但是具体哪里不对,她也说不清楚。有一次她鼓起勇气和外婆说:"校长的小鸡鸡好大。"没想到外婆听到这句话,根本没等她说完就直接责怪她:"女孩家不能说这么不要脸的话。"从此以后,她再也不敢和家人说这件事,导致她之后持续性地遭受到校长的猥亵,甚至强奸。

　　诸多此类案件都在给家长们敲响警钟。家长一定要对孩子说出的与性有关的话或者表现出的行为提高敏感性。当孩子说出与性相关的话，或者做出相关的行为，家长一定要多留意、多想想孩子为什么会这样，而不是急着告诉孩子不可以。

那么，我们应该如何判断孩子是否遭遇了性侵害？

身体上，遭遇性侵害的孩子一般生殖器会出现出血或感染现象，孩子两腿内侧甚至可能有红肿和瘀伤。如果家长发现孩子有这种情况，就要问他为什么会这样，是不是有别人碰到，或者谁故意伤害了他。如果生殖器受伤或者瘀血等比较严重，家长要及时带孩子去医院检查。

行为上，孩子可能会出现睡觉不踏实，经常做噩梦的情况，容易发脾气，会攻击他人，或者突然变得不爱说话，对他人感到恐惧等。遭受到性侵的孩子，尤其可能变得对某些人、某些地方特别抵触，拒绝与某人接触或者去某人家里。一旦发现这种情况，家长一定要留意。有一个案例是，女孩在亲戚家里被亲戚性侵害。孩子的表现就是特别抵触去这个亲戚家。即使过年的时候，她也不愿意和父母一起去这个亲戚家。但是，不知情的父母却指责孩子不懂事、没礼貌。

另外，当家长给孩子换内衣、内裤时，正常的孩子会表现得有些害羞，与家长嬉闹。但遭遇过性侵害的孩子，家长可以通过孩子的表情或表现异常，发现孩子对暴露自己的隐私部位的恐惧。

语言上，如果孩子突然知道了很多与生殖器有关的名词

（往往是方言或俗语性质的名称），那家长也要留意。孩子在小的时候比较容易学讲脏话，家长听到的话先不要凶孩子，最好心平气和地问问他是从哪里知道这些词的。如果是从同龄人那里知道的，一般没有多大问题；如果是从成年人口中知道的，就需要问清楚这个人为什么会告诉孩子这些话，什么时候告诉的，有没有对孩子做奇怪的事情，有没有碰孩子，等等。

这里要说明的是，孩子有模仿性行为的动作，一般是因为偷看到家长发生性行为，或者有人给孩子看成人影片（给孩子看成人影片，也属于性侵害）。对此，家长也要用平静的语气引导孩子，发现问题和解决问题。

最后，我们讲这些并不是说我们要对孩子的各种行为都疑神疑鬼，而是说在平时的生活中，家长要有一个基本的敏感度，像关心孩子的吃穿问题一样，留意孩子的生理状态。

有问必答

提问：

最近我看到一条女孩被继父性侵的新闻，感到很焦虑。我们家也是重组家庭，我带着7岁的女儿和现在的爱人结婚。我爱人平时很照顾我女儿，孩子也很喜欢他。但我每次看到这样的新闻，还是担心不好的事会发生在我们家。现在在家一看到女儿抱着我爱人的时候，我都有些紧张。我相信我爱人不是这样的人，但我就是控制不住自己的担忧。

回答：

如果你爱人的确没有其他行为让你有所怀疑或觉得不对劲，那么7岁的女儿和爸爸拥抱的行为确实没有什么问题。如果你觉得女儿到了一定年龄，不适合再和继父发生这样的亲密行为，那么可以找个机会和他们说一说。你可以告诉孩子，你是大姑娘了，和男性之间要保持一定的身体界限，哪怕是和爸爸，也要注意。你也可以跟丈夫坦率地聊一聊身体界限的问题，肯定他对女儿付出的爱，但也要提醒他，女儿一天天长大了，即便是亲生父亲，也要开始考虑跟女儿的日常互动应该保持一定的距离了。

当然，问题的关键是你看了新闻，因为相似的家庭状况而不自觉地把自己带入了不好的情绪里。其实，虽然家长一定要对孩子的身体和情绪变化保持敏感度，但继父性侵女儿的事毕竟是少数。对于女儿和继父的相处，我们也要调整自己的心态，用积极的眼光来看待。

你可以尝试

想一想，为了避免孩子遭受性侵害，你会对孩子进行哪些性教育。

发现孩子遭遇性侵害，家长如何处理？

| **本节核心问题：** | 发现孩子遭遇性侵害，家长如何处理？

我们遇到过这样一个案例：一位妈妈有两个儿子，一个 4 岁，一个 7 岁，他们俩在同一个跆拳道馆里学跆拳道。一天回家，一个孩子和外婆说："教练摸了我的小鸡鸡。"另一个孩子也说："教练也摸了我的小鸡鸡。"外婆听了以后很生气，就想去找那个教练算账。于是，这位妈妈来向我们咨询。我们请她描述两个孩子的状态。她告诉我们，大儿子刚开始没什么，发现外婆很生气后觉得自己好像做错事情了，就哭了。小儿子可能因为年龄还小，没觉得有什么。

我们是这样给这位妈妈建议的：首先，外婆有情绪是人之常情，但是尽量不要在孩子面前表现出来，否则会让孩子加深对这件事情的消极印象。本来孩子没觉得有什么，外婆的情绪爆发反而会让他感觉自己受到了很大的伤害。其次，妈妈一定要用尽可能平和的语气告诉两个孩子，把这件事情告诉家人，你们做得很对，遇到这样的事情一定要及时告诉家人。你们没有做错任何事情。小鸡鸡也叫阴茎，是小男孩的隐私部位，和其他身体器官一样重要，你们要保护好它。如果有人想摸你们的阴茎，你就告诉他不可以；如果他还要摸，可以大声地说："我不喜欢你这么碰我！你再这么做，我会回家告诉爸爸妈妈。"

与遭到性侵害的孩子沟通的技巧是把重点放在表扬和鼓励孩子把事情及时告诉家人，以及遇到这样的事情时孩子可以如何拒绝上。而不是向孩子传递这件事情很严重的信息，甚至批评孩子。

在上面这个案例中，沟通结束以后，父母可以在孩子不在场的情况下去找跆拳道馆教练，不管对方是有意的还是开玩笑，都要明确表达父母的态度，并且考虑让孩子远离这个可能存在危险的人。这个案例中孩子没有受到特别严重的伤害，但如果家长真的发现孩子遭遇了性侵害，并且性侵害对孩子产生了非常负面的影响，请一定要找专业的心理咨询师介入！

如果孩子告诉你自己被性侵害了，家长务必采取妥当的方式解决这个问题。孩子在遭受性侵害以后，父母对事件的态度和处理方式，决定了孩子的修复程度，很多二次伤害都是从父母这里来的。

以下是我们对父母知道孩子遭遇性侵害后，建议采取的行动步骤。

第一步，如果孩子仍旧处于受惊吓状态，父母应先帮孩子消除恐惧心理。抱抱孩子，如果孩子想哭，就让孩子哭一会儿，然后不断告诉孩子：这不是你的错，爸爸妈妈很爱你；谢谢你相信爸爸妈妈，把这件事告诉我们。父母一定要自己先过了这一关，不要在孩子面前表现出消极情绪。遇到这样的事情，父母有情绪很正常，但尽量不要在孩子面前表现出来，我们不能再给孩子带来二次伤害。

第二步，第一时间报警，请侦查人员帮助家长和孩子寻找有力证据。皮肤创伤、处女膜的破裂，都只能证明孩子受到了侵害，不能证明谁是犯罪嫌疑人。事情发生的一些证据，如事发时孩子穿的衣裤，尤其是内裤，对方在孩子身上留下的DNA线索（如残留精液）等，这些是能证明犯罪嫌疑人的证据。这对之后的起诉有重要的作用。如果事发有一段时间了，一些证据已经找不到了，那么家长在与犯罪嫌疑人沟通的时候要录音。如果犯罪嫌疑人在录音或者短信中，承认了自己的行为，这些记录也可以成为有利的证据。

很多家长会担心报警后孩子的事情会被大家知道，影响孩子以后的成长。现在警方已经越来越重视受害者的隐私保护问题了，其实他们会很好地保护孩子的隐私。所有未成年人的案件，也都是不公开审理的。

第三步，等孩子情绪缓和后，父母应平静地询问事情的经过，在询问过程中要不断鼓励孩子。这最好在心理咨询师或者警方侦查人员的陪同下进行，在详细了解事情经过的同时，也要避免多次反复提问。反复描述和回忆会强化这段不好的记忆，会让孩子在很长时间里难以忘记不好的事情。

第四步，让孩子在以后的生活中远离性侵害者。不要让孩子接收到"疑犯已经被抓"以外的任何关于性侵害者的消息。家长和性侵害者对峙，也要控制好情绪，不要越过法律的边界。

第五步，不要责备孩子。不要对孩子说"我不是告诉过你……"这样的后话，更不要带着孩子上门讨说法。不要让孩子觉得这件事是他的错，家长应该传递给孩子的信息是：你没有做错任何事，爸爸妈妈还有其他所有人，都不会因为这件事情而不爱你。

这里给大家介绍几个相关公益机构的咨询电话，遇到类似状况可以向他们求助。

共青团中央青少年心理咨询和法律援助热线：12355。

北京市青少年法律援助与研究中心：010-63835845。

有问必答

提问：

亲戚家的 14 岁男孩让我 8 岁的女儿摸他的阴茎，我女儿一开始不知道那是什么，回家告诉我们的时候还很高兴。我告诉她那是什么以后，她脸色立刻就变了。我该怎么办？

回答：

遇到这样的事情，首先不要在孩子面前表现出愤怒的情绪。家长的处理方式很关键，如果方式不对可能会给孩子造成更严重的伤害。孩子刚开始对你说这件事情时，并没有表现出难过或者生气，说明对方没有给孩子造成直接的生理伤害，也并没有给孩子留下心理阴影，这是值得庆幸的。

但处理这个问题仍然是必要的。我们要先告诉孩子：感谢她把这件事情告诉爸爸妈妈，她做得很棒。然后要向她说明：这个男孩的做法是不对的，下次如果再遇到其他人这么做，一定要拒绝，要告诉他"不可以，如果你让我这么做，我就告诉大人们"。

请尽量把重点放在教孩子如何正确应对这件事情上，而非这件事情有多不好。假如孩子问起自己会受到什么伤害，我们的回答可以是：你已经正确处理好这件事了。事情已经过去，没什么的。

最后可以找那个男孩的父母谈谈，但是不要带孩子去。否则如果吵闹起冲突，很可能会加深孩子对这件事的负面印象。如果不是非常特殊的情况，尽量减少两个孩子再次见面的机会，至少保证他们不再单独相处。

你可以尝试

想一想，假如你发现自己孩子可能遭遇了性侵害，你会如何处理。

如何看待遭遇性侵害的孩子?

本节核心问题: 遭遇性侵害的人，这辈子就毁了?

假如我们身边有人遭受了性侵害，

他们应该怎么办?

看到这个问题，你心里的答案是什么? 2016 年暑假，我们援助了一些大学生支教队，去全国各地的乡村给孩子们上性教育课，其中一支是来自南京大学的彩云支教队。支教结束后，彩云支教队的同学和我们分享了这样一个经历。

当时，他们在给小学三年级的孩子讲预防性侵害的知识。课堂上，老师问孩子们:"假如我们班有女同学遭受性侵害，大家觉得她应该怎么办?" 有一个孩子一脸严肃地说:"自杀。"老师继续问他:"除了自杀，还有别的办法吗?" 他说:"嫁给他。"

随后老师安排了一个投票环节，让同意自杀的同学举手，现场大约有一半的孩子举手。老师接着请同意嫁给他的同学举手，又有几个孩子举起了手。并且还有孩子插嘴说:"万一人家不要她，她这辈子就嫁不出去了。"最后老师再一次问道:"除了这两个办法，还有没有其他办法?" 没有一个孩子说话。

相信不太可能曾有人亲口告诉这群孩子，一个女生如果遭遇性侵害，她这辈子就嫁不出去了。那么到底为什么孩子们给出了如此让人痛心的答案？

一个女性朋友曾和我分享过她小时候的经历。差不多是在她五六岁的时候，有一次她和隔壁另外一个同岁的男孩一起玩。他们突然对对方的生殖器非常好奇，于是两个人就脱光了衣服坐在沙发上观察彼此的生殖器。

这一幕被她妈妈撞见了。她妈妈打开房门的时候，恰好看到男孩在用手触碰女孩的外阴。她妈妈很生气，非常严厉地制止了他们，并且晚上还带着她去对方家里讨说法。她妈妈用手指指着她对对方的家长说："我女儿这辈子就被你儿子毁掉了。"

她说后来又发生了什么她已经记不得了，但是她永远都记得妈妈说的这句话，在整个成长过程中，她一度以为自己这辈子真的已经毁掉了。

在很多老旧的观念中，女性一旦遭遇性侵害，她这辈子就毁了……我们会看到报道，一些女性在被性侵害后选择了自杀。而这些观念可能已经从环境的潜移默化的影响中，渗透进了很多信息较为封闭的孩子心里。这样的观念带给受害者的心理伤害，比性侵害带来的身体伤害更大、更深。

相信通过之前的阅读，你一定不会这样认为了。需要加以提醒的是，遭遇性侵害的儿童受害者不仅包括女孩，也包括男孩。

有研究表明，受到性侵害的儿童如果能认识到曾经的经历并不是他们的错，能认识到性侵害的经历只是他们成长过程中的一部分，那么他们所受的伤害不会对他们以后的生活产生决定性的负面影响，他们的治愈过程会更快。

当然，遭遇性侵害的孩子，心理恢复需要更复杂的系统性支持。不仅是来自家庭的支持，来自司法的支持，还有来自专业的心理援助以及同伴的支持。这些都会在孩子的恢复过程中起到至关重要的作用。

作为家长，我们绝对不可以向孩子传递这件事情会毁掉他人生的观念，更不要去指责孩子。我们要告诉他们："这并不是你的错，是坏人做错事情，而不是你。我们依然爱你。"

作为受害者身边的朋友，我们要意识到孤立、嘲笑、背后议论都是对受害者的二次伤害。同时不必过于关心，像平时一样与受害者相处就是给他们最大的支持。

作为社会力量，对受害者隐私的保护是对受害者最基本的尊重。法律援助、心理援助是受害者及其家庭最需要的帮助。

谁都不希望性侵害发生在孩子身上，但我们呼吁家长在日常生活中注重培养和提高孩子的抗挫折能力，让他们有这样的意识，就算遭遇了性侵害或者任何不好的事情，也都只是人生的一部分，更不会毁掉他的一生。受到的伤害总会慢慢地痊愈，他们依然有能力过上幸福快乐的生活。

人一生当中总会经历各种困难和挑战，只要我们有勇气面对它们，我们就有战胜它们的可能，从而拥有更美好的明天。

有问必答

提问：

我儿子10岁，上小学五年级。我媳妇在外地工作，平时都是我在照顾孩子。有一次，儿子回家后情绪特别低落，眼睛有点红，好像哭过的样子。我问他怎么回事，刚开始他不说，就是掉眼泪。后来被我问急了，他很不高兴地说："你别问了！"我家孩子平常一直特别懂事，在学校遇上什么事回家都会跟我说，像这么抵触还是第一次。

后来在你们的鼓励下，我和孩子沟通，得知孩子被一男性猥亵。虽然已报警将疑犯刑拘，但现在他特别不愿意说话，总喊肚子痛、屁股痛。去医院检查没有什么大问题，大夫就建议多喝水，多吃富含粗纤维的蔬菜、水果。现在他不敢一个人上学，不敢一个人睡觉。晚上要我哄他才能睡觉，而且总是做噩梦，每次都一身汗地被吓醒。老师说他上课总是走神，下课也不出去玩。

还有，这件事情发生以后，我发现自己的问题比孩子的问题还严重。他上下学我必须接送，他要出去玩我也陪着。如果不能陪着，我隔几分钟就得给他打电话，不然就非常焦虑。我知道这样做对孩子的成长不利，但是我想不出其他办法。

回答：

性侵害带给孩子的，除了身体伤害，还伴随着心理伤害，主要包括：创伤记忆闪回；回避一切唤起创伤事件记忆的人、事、物；过度心理唤起，如睡眠困难、集中注意力困难、过度警觉等。不管哪一种，核心的情绪都是恐惧和焦虑。

作为家长，我们需要告诉孩子，现在发生在他身上的事情和他产生的所有症状都不是他的错。真正做错事情的是实施性侵害的人。孩子需要我们成年人的保护和抚慰。

儿童遭受性侵害，的确不仅是对受害儿童的身心健康造成伤害，同时也会给整个家庭带来伤害。大多数家长在得知孩子遭遇性侵害以后，自己也会经历创伤。但是他们往往是被忽视的受害者。如果父母无法处理好自己的负面情绪，甚至出现抑郁、焦虑等精神症状，非但不能给孩子提供保护和支持，反而会对孩子造成二次伤害。因此，孩子需要接受专业心理援助的同时，家长也可以尝试去接受专业的心理援助。

你可以尝试

想一想阅读完本节内容以后，你对性侵害受害者的看法是否有改变。

儿童性侵案件现状

| **本节核心问题：** | 儿童性侵现状是什么样的？

2023 年 6 月 1 日，最高人民检察院发布《未成年人检察工作白皮书（2022）》。白皮书显示，2022 年，起诉强奸、猥亵儿童等性侵未成年人犯罪 36 957 人，同比上升 20.4%。根据最高人民检察院公布的相关数据，2013 年至 2022 年，检察机关起诉强奸／猥亵儿童人数达 141 682 人，平均每天有 38 人被起诉。

值得大家警惕的是，这仅仅是被起诉的案件数量，并不等于真实发生的案件数量。实际发生的数量远远高于这个数据。

不仅仅在中国，据联合国儿童基金会公布的数据显示，在全球范围内，18 岁以前遭遇性侵或者性骚扰的女孩比例高达 10%，相当于每十个女孩中就有一个在成年前遭遇性侵或者性骚扰。同样，男孩遭遇性侵的比例也很高。

很多家长认为，男孩并不需要知道如何预防性侵，因为男孩并不会遭遇性侵，在男女关系中也不会吃亏。我曾经遇到过一个家长，他非常自信地说他们家是一个男孩子，不必担心这些。其实，男孩同样需要掌握自我保护的知识。有报告显示，在 4~9 年级的中小学生群体中，男孩女孩经历性侵害的自我报告率分别是 7.9% 和 10.8%。可见男孩遭遇性侵害的比例与女孩相差不大。

在教育孩子的过程中，很多家长、老师都会跟孩子说："你要小心陌生人，不要上陌生人的车，不要让陌生人随便摸你。"但是，女童保护基金公布的调研数据显示，性侵者与被性侵者的关系中，71% 都是熟人，而不是我们平常跟孩子说的陌生人。

很多家长认为自己一直会跟孩子解释什么是隐私部位，也告诉过孩子隐私部位不可以让别人摸，这种程度的性教育应该足够了。但是，女童保护基金的报告显示，在关于"如果有人摸你，你不喜欢会怎么办？"这个问题的调研中，仍有高达 10% 的孩子会选择"没啥事，忍忍就好"，或者"害怕，但不敢说"。可见，仍然有大量的孩子不知道怎么正确应对性侵害，孩子仅仅知道什么是隐私部位显然还不够。

《未成年人检察工作白皮书（2022）》显示，即使侵害未成年人犯罪案件总量有所下降，但性侵案件仍呈上升趋势。由于观念等原因，有些人遭遇性侵后，并不会选择公开，所以许多人会觉得性侵离我们很远。而实际上，它也许就发生在我们身边。性侵已成为当前侵害未成年人最突出的犯罪。儿童防性侵教育在儿童安全教育中是一个非常重要的环节，我们既要教孩子防火、防盗、防溺水，也要教孩子防性侵。

家长教孩子防性侵，可以分以下三步：第一步，帮助孩子认识隐私部位；第二步，给孩子场景式的性教育；第三步，帮助孩子明确身体的界限。接下来的三节内容，我们将详细地指导家长帮助孩子学会应对性侵。

有问必答

提问：

我家女儿 3 岁，如果孩子不在家长身边，比如在幼儿园或者某个没有家长在的地方，如何让孩子远离坏人？

回答：

3 岁的孩子你再怎么教她远离坏人，当坏人真的来了，她这个年纪也一点儿办法都没有。这就需要家长提升自己的安全意识，为孩子提供一个安全的环境。

你可以尝试

回忆身边是否有人曾遇到过性骚扰，当时他们是如何应对的？

帮助孩子建立身体权意识

| 本节核心问题： | 孩子拒绝危险的能力从何而来？

在我老家经常会发生这么一幕：家里来一位亲戚长辈，当他看到可爱的小朋友时，总是会忍不住将孩子抱在怀里，或者亲一亲孩子胖嘟嘟的小脸蛋。这是他表达喜欢孩子的一种方式。但是，孩子并不熟悉这个"陌生人"。观察孩子的表情，你会发现孩子并不喜欢这种身体接触，会有一些挣扎和抗拒。然而，很多家长看到会安慰孩子说："叔叔是喜欢你才亲你，觉得你可爱才抱你。让他抱一下、亲一下没关系。乖！"

事实上，家长的话对孩子是一种非常严重的误导。未来，当孩子遇到可能会伤害到他的身体接触时，他会安慰自己：这或许只是别人对我表达喜欢的一种方式，我可以忍一忍。

某所中学就发生过这样的事情。班主任对班级里的很多女生实施了性侵，但是孩子们一直没有告诉家长。直到东窗事发，家长们才得知真相。记者问孩子："老师摸你，你为什么没有告诉家长？"那些孩子就说："老师摸我的时候跟我说，这是他表达喜欢的一种方式。他是喜欢我才摸我。"

事实上，绝大多数孩子对于不安全的身体接触有着天生的警觉，这是生物进化的本能。而家长教育孩子要乖，要接受别人喜欢自己的任何方式的做法，恰恰让孩子失去了拒绝的意识。

因此，家长要非常明确地告诉孩子：任何人做出了你不喜欢的身体接触，你都可以拒绝。你的身体你做主。

当然，仅仅这么说是不够的。家长要持续不断地鼓励孩子拒绝他不喜欢的别人的行为，比如，拒绝亲戚的拥抱，拒绝其他小朋友拿走他的玩具。让孩子从小意识到，当他感到不舒服的时候，他可以将"我不喜欢，我不要"说出口。而当孩子做出拒绝别人的行为时，家长要肯定孩子的做法。此外，家长的言传身教也很重要，鼓励孩子拒绝别人的时候，家长也要说到做到。

有位家长曾向我咨询，说她女儿正上幼儿园，每天有校车接送。校车司机可能是觉得孩子长得可爱，经常会在孩子上车时跟孩子说"让我摸一下脸，否则不让你上车"，孩子每次都很不情愿。班主任看到后就把这件事情告诉了孩子妈妈。爸妈都很无奈，也知道对方就是开玩笑，可是担心一直这样下去，孩子哪天遇到危险不懂得拒绝。可家长又担心去找校车司机沟通，会让对方没面子，或者觉得自己小题大做，所以一直不知道该怎么办。

相信很多家长都曾经有过这样的体会，家长碍于面子或者怕对方尴尬而不好意思挑明。可是家长一定要意识到：校车司机的行为对孩子安全意识的养成是有害的。假设有不怀好意的人这样威胁孩子，孩子很容易因不懂得拒绝而受伤害。所以，到底是孩子的安全更重要，还是对方的面子更重要？

因此，家长要改变观念，告诉校车司机："你喜欢孩子我理解，但是我女儿不喜欢你摸她的脸，以后跟她挥挥手就可以了。"家长的拒绝孩子会看到，她会从家长的身上习得拒绝的力量。

当然，如果可以的话，也鼓励家长和孩子就这件事情聊一聊。问问孩子是什么感受，她如何理解对方的行为，他人什么样的行为是她能够接受的身体接触，什么样的身体接触她不能接受。家长还可以通过角色扮演的方式，与孩子一起练习如何将拒绝说出口。

有问必答

提问：

我女儿今年刚上幼儿园。从小我就跟她讲，当有人触碰她的隐私部位时，一定要拒绝。可前段时间，孩子回到家告诉我，班里有一个男生午睡时摸她隐私部位。虽然我很生气，但是我能理解这个年龄段的男生可能只是好奇。于是我就告诉孩子，下次他再摸你，你一定要拒绝。过了一段时间，我又问了她，结果还是老样子。我听完更生气了，我明明告诉她要拒绝，可是她却没有照做，而且这几天也没有再跟我说起。我现在应该怎么做？

家长有意识地从小对孩子进行性教育，还能理解这个年龄段的孩子是因为好奇才做出这样的行为，说明家长是一个非常有心且开明的家长，这点特别值得赞扬！如果代入你女儿的视角，虽然她知道要拒绝，但是面对一个力气可能比她大的男生，她不一定有勇气拒绝。也可能她已经拒绝了，但是对方并没有停止这样的行为。所以她不知道该怎么办了是这个年龄段的孩子最正常、最常见的反应。拒绝既需要勇气，也需要练习。家长可以在家里和孩子模拟练习，鼓励孩子将拒绝的话大声说出来。此外，家长还可以主动找幼儿园老师帮忙，将两个孩子分开午睡，减少这类事情的再次发生。

你可以尝试

假设今天家里来了一个长辈，他非常喜欢孩子，总是去亲孩子的脸。而孩子非常不喜欢这个举动，一直在试图摆脱。你会如何处理这个情况？

帮助孩子认识隐私部位

本节核心问题： 如何帮助孩子确定隐私的界限？

某农村留守儿童学校曾发生过这样一起案件，当地许多男孩被校门口商店的老板猥亵，但男孩们并不理解这代表了什么。因为村里许多长辈经常会这样逗男孩子的生殖器，而且老板每次猥亵后，都会给孩子一些零食、玩具。有些男孩一度将此当作获得零食、玩具的方法，还觉得老板人蛮好。直到部分孩子长大以后，才意识到这些行为不是打闹，而是猥亵。

假如当时孩子理解什么是隐私部位，当别人触碰自己的隐私部位时，就可以准确地跟家人反馈自己的隐私部位被人触碰过，或许家长可以更早地发现，更好地保护孩子。

因此，防性侵教育最基础的部分就是教孩子认识隐私部位。平时用内裤、背心盖住的地方就是隐私部位，包括男孩和女孩的生殖器、屁股，以及胸部。除此以外，还应该告诉孩子，隐私部位就像眼睛、心脏一样，是身体非常重要且宝贵的一部分。我们要像保护身体其他部位一样保护好它们，而保护的方式就是不随意给别人看，也不随意让别人摸。

值得注意的是，家长要谨慎向孩子传递隐私部位不可以让别人看或者摸的观念，因为这在现实生活中无法做到绝对的一刀切。比如，男孩去医院看包皮，隐私部位不可以给医生看吗？那医生怎么给孩子检查身体？比如，北方有许多公共澡堂，虽然男女分开，但是浴室内人人都光着身子，隐私部位也会露出来，但这是正常的、合理的。面对就医这样的一些特殊情况，家长可以告诉孩子，这是特殊情况，是正常的，没关系。这样的话，孩子既懂得保护自己的隐私，也不会过度恐慌。

家长什么时候可以给孩子讲这些呢？

正如第一章提到的，性教育应融入生活当中。家长可以抓住生活中的许多契机，比如给孩子洗澡的时候，这就是一个非常好的时机。你可以告诉孩子，为了帮你洗澡，你会脱掉衣服，你的隐私部位就会被看到。除了家长提到和允许的一些特殊情况，其他时候你的隐私部位不能给别人看或者给别人摸。所以，等你长大了，你要学会自己洗澡，保护自己的隐私。

再比如，当孩子看到其他小朋友光着上身，或者随地大小便，我们就可以告诉孩子这是不文明的行为，不能在公共场合暴露自己的身体，尤其是隐私部位。如果想上厕所，可以去卫生间。

家长如何判断孩子是否理解什么是隐私部位?

家长可以在一张纸上画两个小人儿,一个男孩,一个女孩,然后让孩子用笔给小人儿的隐私部位画上衣服。如果孩子能够准确地画出来,说明他已经懂得什么是隐私部位。家长也可以和孩子玩一些情景模拟的小游戏,父母扮演某人去触摸孩子的生殖器,让孩子在这种情境下练习说出拒绝的话。

我们强烈反对家长向孩子传递隐私部位很羞或者很脏的观念。有些家长在孩子不小心露出隐私部位的时候,会故意说:"啊呀,羞死了/脏死了。"这不仅不利于孩子保护自己的隐私部位,还会让孩子留下生殖器、胸部等身体部位肮脏、羞耻的性观念。家长要知道这些部位虽然隐私,但并不羞耻。它们和其他部位一样,是身体非常宝贵且重要的一部分。

有问必答

提问:

您好,我是一名幼儿园老师。我们园非常重视孩子的性教育,我在班里也通过绘本给孩子科普了隐私部位。最近,班里的几个孩子一直对隐私部位特别感兴趣,经常在异性上厕所的时候,盯着对方的隐私部位看。我已经说过好几次了,但是一直没有效果。请问我该怎么办?

回答:

幼儿园能意识到性教育的重要,并且积极给孩子开展性教育课程,你们的教育理念真的非常开明!孩子们的行为其实是他们好奇异性生殖器的一个表现。

幼儿园可以借助《小鸡鸡的故事》这类绘本，先跟孩子们讲男孩女孩的身体区别，认识男孩女孩生殖器的不同。当孩子们的疑问得到解答以后，再引导他们认识这些部位是隐私部位，既要保护自己的隐私部位，也要尊重别人的隐私部位。

你可以尝试

找机会问问孩子身体的哪些部位是隐私部位，当别人触碰他身体的哪些部位会让他感到不舒服。

通过场景式的练习提升应对性侵能力

本节核心问题： 如何通过练习来帮助孩子掌握应对
危险的技能？

2023 年，我辅导一名国际学校的高中生设计一个关于性教育的项目。我和她提到，许多性侵受害者在遇到加害者的猥亵时，会愣在当场不知如何应对，往往事后才反应过来。这名高中生感到非常不可思议，声称如果换作是她的话，她一定立即一巴掌扇过去。

实际上，很多人可能都会有类似的想法：假设性侵发生在我身上，我一定可以勇敢地拒绝，甚至抓住对方并报警。他们无法理解受害者为何会愣住而没有采取任何措施，有的人甚至会指责受害者因为没有做出正确的行为才导致了事情的发生。

其实并不是所有人都有勇气大声拒绝。当遇到突如其来的危险时，很多时候，绝大多数人都会脑袋一片空白，愣在当场，这是非常正常的反应。就像地震来袭时，人们的第一反应是抱头蹲在地上，而不是马上寻找安全的三角区域。只有经过防震演习的人才会有意识寻找三角区域，或者立刻向空旷的地方跑。

所以就像学校都会进行防震演习，当我们教孩子应对性侵时，也要通过练习来帮助孩子提升应对危险的能力。

家长可以和孩子玩一些情景扮演的小游戏。比如，学校的老师提出要给孩子换衣服，妈妈来扮演老师，却在换衣服时提出摸生殖器的要求，让孩子练习说"不"。比如，家长扮演提出给孩子零食、手机让孩子脱掉衣服的成年人，让孩子练习说出拒绝的话。再比如，家长扮演坏人威胁孩子不可以将这件事情告诉家人，让孩子练习假装答应但是回到家后告诉父母。家长可以通过具体的场景提高孩子识别性侵的意识，并增强他们的应对能力。

虽然我们鼓励家长给孩子进行防性侵教育，但是家长一定要意识到，假设真的有性侵发生，孩子毕竟是孩子，很有可能不能非常理智成熟地与坏人进行各种周旋然后成功逃离。最重要的是要让孩子知道：不管发生什么，父母依然很爱你。无论遇到任何让你觉得奇怪或者不舒服的事情，都要告诉父母或信任的成人，这样才能得到更好的保护。

家长对孩子的防性侵教育，让孩子拥有一定的自救能力，在一定程度上可以降低性侵发生的风险。就像一些性侵案件中，因为孩子的及时拒绝与及时求助，他可以幸运地逃脱。不过家长更应该明确，保护孩子是父母、社会的责任，而不是家长回到家告诉孩子这些以后，就指望孩子自己能立即成熟地应对各种危险。最主要的还是家长提升自己的安全防范意识，比如不将孩子托付给不了解、不熟悉的人，避免孩子与成年异性或者青少年单独在房间相处，当他人逗弄孩子生殖器时主动站出来替孩子拒绝，等等。

有问必答

提问：

我女儿今年4岁，正在上幼儿园。园里一个5岁小男孩特别喜欢她，天天抱她，说要和她结婚。孩子也不讨厌他，会和他一起玩。今天聚会的时候，我看到那个男孩一直抱着我女儿，还贴得很紧，这让我很不舒服。孩子总是试图挣脱，但男孩不停地说："你是我的，你是我的。"我女儿就一直说"不是不是"。我不知道应该怎么应对，是轻描淡写，还是和女儿好好谈谈？该怎么教她和别人保持适当的距离？

回答：

我的建议是你可以抓住这次机会和孩子聊一聊，因为这是一个非常好的性教育时机。

首先，对于男孩的行为，是家长感到不舒服，而不是孩子。因此，不建议家长替孩子做决定，甚至直接叫停两个孩子之间的社交。家长可以先问问孩子如何看待男孩的这些行为，比如，当男孩拥抱她时，她是什么样的感受？喜欢吗？男孩的哪些行为是她能接受的？通过询问让孩子重视自己的感受，理解自己的感受很重要。

其次，因为孩子对于男孩的拥抱行为是有挣扎的，可以猜测孩子对此并不喜欢。当孩子表达出不舒服、不喜欢的时候，要教她具体如何用语言表达，比如"我不喜欢你抱我，我感到不舒服。请不要抱我"。

假设孩子拒绝以后，男孩依然坚持这样的行为，那么可以教孩子如何向身边的人求助，比如向老师求助："老师，他一直抱我，我很不舒服。请你制止他的行为。"假设这些孩子都做了，男孩依然坚持抱她，你可以与男孩的家长进行沟通，共同引导男孩用其他更合适的方式表达对她的喜欢。

假设孩子经常一个人乘坐公交车上下学，你会怎样教孩子避免公交车上的"咸猪手"？

别让性别刻板印象限制孩子的潜力与未来

本节核心问题： 性别刻板印象对孩子的成长有什么影响？

有一年过节，我宅在家带孩子。一个是我表弟，一个是我表妹。两个人年龄相差几个月，都是 10 岁。我觉得孩子们光玩手机太无聊，就对他们说："要不，我们来玩一个比赛吧？"话刚说完，表妹一脸不开心地说："他是男孩子，我是女孩子，我肯定比不过他。我不玩。"我非常吃惊，心想：我还没说比什么呢，凭什么你就觉得女孩子比不过男孩子呢？

实际上，类似的现象非常普遍。2017 年，发表在《科学》（Science）上的一篇文章写道：幼儿园阶段的孩子就已经开始形成性别刻板印象，女孩会将高智商更多地与男孩联系起来，以至于她们会开始避免参与那些被认为是"非常聪明的"儿童活动，并先入为主地认为自己不擅长、不会玩。在这样的思维束缚下，女孩在成长过程中会错失很多成长的机会。

性别刻板印象同样束缚着男孩的潜力。在许多人的观念中，普遍认为男孩更加调皮、粗心，不擅长语文、英语等文科类科目。以我自己为例，在我的成长过程中，家人经常对我说："佳威是个男孩子，一般男孩子数学比较好，语文会差一些。"所以，当我语文没考到理想的成绩时，我会想当然地认为因为我是男孩子，语文学得不好很正常，从而放弃了寻找提升语文成绩的方法。

当意识到性别刻板印象对孩子的束缚之后，家长就可以在生活中寻找方法，帮助孩子更加自由地成长。在这里，我们分享 5 个方法。

1. 家长可以反思自己的一些观点是否有刻板印象。你是否曾经对孩子说过这样的话：你是男孩子/女孩子，你应该……你得……你更擅长……你为什么觉得男女之间存在这样的差异？孩子之间的个体差异有时候是否大于性别之间的差异？

2. 从现在开始，减少对孩子说男孩/女孩更擅长什么，更不适合做什么。每当你想这样说时，请立刻打住。

3. 当孩子好奇、犹豫、想要尝试某件事情，但传统观念认为他的性别并不适合的时候，鼓励孩子去试试看，告诉孩子许多工作更看重的是能力，而不是性别，并与孩子一起讨论完成这项工作需要具备哪些能力。

4. 在看到某个领域，有不常见的性别做出杰出的成绩时，分享给孩子，告诉他，另外一个性别在这个领域也可以做得很好。

5. 当孩子因为自己的性别而沮丧，试图放弃自己喜欢的学科、运动或者爱好的时候，倾听孩子的苦恼，并坚定地支持他、鼓励他，告诉他性别并不是决定因素，只要他喜欢，就可以追求。

任何一项优秀的品质，无论是细心、温柔，还是勇敢、独立等，男孩与女孩都可以拥有。任何一门学科，只要掌握良好的学习方法、有好的指导，男孩女孩都可以学好。任何一项工作，只要掌握核心技能，并且热爱它，投入时间去做，男孩女孩都可以胜任。

有问必答

提问：
我的儿子8岁了，他的性格一直很"女孩子"，说话总是细声细语，动不动就哭。对他进行性别教育时应该注意些什么？

回答：
在我们的刻板印象中，会认为男孩子就应该很阳刚、很坚强。男孩子哭，尤其是经常哭，是令人无法接受的一件事情。但是，哭只是孩子表达情绪的一种方式，当孩子难过、悲伤的时候，憋着不哭反而不利于身心健康。家长应该站在孩子的角度思考：他此时的情绪是什么样的？积极地去共情孩子的感受。在孩子感到温暖、有力量以后，家长再去引导孩子克服困难，而不是指责孩子不应该哭。

你可以尝试

在以前的育儿过程中，你有没有对孩子说过类似的话：你是男孩子 / 女孩子，你应该怎么样怎么样。你喜欢自己的儿子 / 女儿拥有什么样的特质？这些特质是否只有男性 / 女性才有？

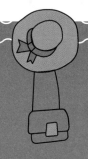

五、青春期，
在走向成熟的必经之路上
陪伴孩子

10 岁以上

青春期性教育和价值观塑造

| 本节核心问题： | 青春期性教育包括什么？

青春期的孩子会非常在乎自己的外表。有的孩子会经常很刻意地照镜子，观察发型有没有乱，有的孩子对青春期发育所带来的外表变化无法接受。

拿我自己举个例子，我曾一度痛恨自己长腿毛，好几次在家人面前抱怨。我的父母听到一般就会用类似遗憾的语气回应说："这又没办法。"直到后来我慢慢接触了欧美电影，看到那些欧美人对自己体毛的自信和坦然，意识到腿毛或许是另一种性感，才开始渐渐接纳自己。

青春期的孩子已具备一定的思考能力。给他们普及青春期生理变化和生理卫生知识并不难，难的是引导他们接纳自己的变化——不仅仅是知道自己的身体会在什么时候发生什么样的变化，更重要的是当他发现这种变化的时候，知道如何做到不紧张、不害怕，知道这是身体的一种美好的变化，知道应该如何照顾、爱护自己。

青春期性教育应该在孩子身体发生变化之前开始。等孩子已经出现变化了，再去告诉他这很正常，基本上为时已晚。因为家长一定是晚于孩子知道他的身体变化的。而青春期孩子在缺乏及时引导的情况下，很难做到坦然、乐观地面对这些变化。

在性教育缺失的年代，有的女孩因为害怕别人看出她的变化，会通过含胸、束胸来隐藏自己刚开始发育的胸部。现在我们知道，长此以往会影响孩子的身姿及自信。有的女孩在来月经后会以为自己患了绝症，吓得不知所措。这都是家长没有尽早开始性教育的后果。我们建议家长，在青春期开始之前就告诉孩子，你的身体将会进一步成长，而那是健康的象征。

在一家做青少年性教育的机构制作的视频中有这样一个情节，一个女孩第一次来月经，当时第一个知道这件事的是她的表姐。表姐把她带到厕所，拿出柜子里的卫生巾，告诉她："从此，这个东西就是你的秘密。"后来，她的妈妈知道了这件事，她召集全家人一起庆祝了女孩第一次来月经，并且对女孩说："这是一件美好的事情，说明你拥有了生小宝宝的能力。"这件事就这样影响了女孩，后来，每当身边的朋友抱怨来月经时，女孩总会记得当时妈妈传递给自己的积极乐观的态度。

而我们更应该意识到的是，对已经进入青春期孩子的性教育，不仅包括帮他们乐观地认识和接纳自己的生理变化，还包括一个非常重要的内容——价值观塑造。

越是成长，我们越是会发现世界太多元了：种族的多元、性别的多元、性取向的多元、价值观的多元等。面对这样多元的世界，我们要引导孩子意识到人与人之间、价值观之间是平等的。黄种人、白种人、黑种人是平等的，男性、女性是平等的，同性恋、异性恋、双性恋也是平等的……

相信很多人多多少少都会有一些特殊的性格、喜好、表现、缺点。我们要告诉孩子，要接纳自己的与众不同，接纳自己的特殊喜好。当我们做出某种行为的时候，不应该伤害别人。这会让我们成为更好的人。

举个例子，假如我是一名裸体主义者，我喜欢"无拘束"地裸着，那我应该约束自己不在公共场合、不在孩子面前露出自己的生殖器。否则我的这种行为可能会伤害别人。我可以在自己的房间，在一个私密的场所，或者一个有裸体共识的地方（也许是国外的裸体沙滩）放飞自我。我不会谴责自己，不会质疑自己，我会接纳自己。前提是我知道自己不会伤害别人。

多元、平等、包容、尊重和无伤害，是性领域和性教育领域核心的几个观念。我们认为，这样的价值观不仅是性教育应该倡导的价值观，更是孩子成为一个更完整、美好的人，应该拥有的价值观。

你可以尝试 //

设想你发现女儿月经初潮，或者儿子第一次遗精，你会采用什么样的方式向孩子说明这件事情。

//

如何跟孩子解释什么是处女？

本节核心问题： 如何引导孩子科学看待处女？

曾经有一个家长向我咨询，说她的女儿今年上初一。有一天女儿突然问她："妈，处女是什么意思？"妈妈一开始没反应过来，回答道："你说的是处女座吧？就是……"女孩就打断她说："我当然知道处女座是什么意思，我问的是处女是什么意思。"妈妈不知道该如何解释。事后，妈妈找到我，询问该如何回应女儿的这个问题。

妈妈自然知道处女是什么意思，只是她不知道应该怎么解释，解释到什么程度，是否还要解释什么是性行为。面对这些问题，妈妈可能会感到非常尴尬。

在这个家庭中，初一的女儿愿意向妈妈求助关于"处女"的问题，说明母女关系非常不错。妈妈虽然暂时回避了女儿的问题，但是依然想着要去正面回应，说明妈妈对于女儿的性教育十分重视。

那么，作为家长应该如何回应"处女是什么"这个问题呢？

在这里和大家分享一个回应孩子性问题的"三步法"：第一步，了解问题是什么；第二步，科学准确地解释问题；第三步，分享家长的价值观。

　　第一步，当我们突然接到孩子提出的一个关于性的问题时，不要急着回答，可以先问问孩子：你是从哪里听到这个词的？你又是如何理解它的？

　　前面例子中的这个家长在我的引导下，就问她女儿是从哪里听到"处女"这个词的。孩子解释说，班里有几个同学在私底下议论学校里的一个女孩不是处女。当她问同学处女是什么意思时，同学却没有跟她解释。孩子通过同学议论那个女孩时的语气、表情，隐约觉得好像不是什么好事。她很好奇同学们所议论的处女到底是什么意思。

　　通过第一步了解孩子的问题是什么后，第二步就是科学准确地回答。比如，处女就是没有发生过性行为的女性。

　　在这里，如果孩子问什么是处女膜，家长也可以科学准确地回答：处女膜又叫阴道瓣，是阴道口的一层薄膜。它在女孩小的时候，可以阻挡脏东西进入阴道内，避免生病。曾经因为缺乏对阴道瓣的科学认识，人们误以为拥有完整处女膜的女性才是处女，如果处女膜破裂，就代表她已经发生过性行为。其实，是不是处女与处女膜是否完整并没有必然关系。许多女孩在成长过程中可能会因为拉伸、骑自行车等运动而撕裂处女膜。

　　第三步，也是最重要的一步：分享家长的价值观。

像前面的女孩之所以知道"处女"这个词，是因为她的同学们用它"评价"学校中的一个女孩。这其实是非常典型的校园欺凌现象。作为家长，可以告诉孩子，对方是不是处女，这是她的隐私。在背后议论对方的隐私，既是不尊重人的表现，也是校园欺凌的行为。这会对那个女生造成伤害，不参与，最好也阻止身边的同学参与。

现实生活中，我们经常听到处女、处女情结，却很少听到处男、处男情结，这是十分典型的性别歧视现象。相比于男性，社会对于女性有更高的性道德要求。如果男性曾经有过性行为，在未来的恋爱、婚姻中几乎没有什么影响。而如果女性在恋爱或者婚姻前曾经有过性行为，就会被指责不自爱、不完整，更是会被羞辱、嘲笑。社会对于男性和女性的双重道德标准是非常不公平的。

在面对孩子的性问题时，答案是什么其实并不是最重要的。儿童、青少年可以轻易从网络上找到答案，无论是通过百科还是科普短视频。而分享家长的价值观才是最重要的，也是最需要做的功课。网络信息良莠不齐，孩子在网络上寻找答案的过程中，可能会接触到充满暴力、歧视、侮辱的语言，他们很容易被这样的价值观所误导。家长在回答孩子有关性的问题，比如解释什么是处女时，可以向他传递"尊重他人隐私、不参与校园欺凌、性别平等"的价值观。

有问必答

提问:

我女儿 10 岁。昨天看电视,剧里两个青春期的女孩在家里聊天,小琪问妙妙是不是处女(座),妙妙说不是。这段对话恰好被妙妙的妈妈听到了,她非常生气,以为女儿和别人发生关系了。我女儿无法理解为什么妙妙的妈妈那么生气。她一直问我:"妈妈,为什么妙妙妈妈那么生气?她妈妈以为的处女是什么意思啊?"我不知道该怎么回答。

回答:

解释什么是处女其实并不难,家长可以大大方方地告诉孩子。当然,家长更需要做的是与孩子分享自己看待处女的价值观,以及解释妙妙妈妈生气的原因。比如,妙妙妈妈误以为妙妙已经和别人发生过性行为,担心妙妙过早发生性行为可能会受到伤害。妙妙妈妈不知道该如何跟妙妙表达自己的关心和担忧,用生气的方式表达了自己担忧的情绪。

你可以尝试 〰〰〰〰〰〰〰〰〰〰〰〰〰〰〰〰〰〰〰〰〰〰

回忆你的成长经历,是否曾听过身边人关于"处女"的讨论。当时大家是以什么样的价值观在讨论?你是否认同?为什么?

〰〰〰〰〰〰〰〰〰〰〰〰〰〰〰〰〰〰〰〰〰〰〰〰〰〰〰〰〰〰〰

青春期孩子早恋了，家长如何引导？

本节核心问题： 如何看待青春期孩子的恋爱行为？

恋爱是否会影响孩子的学习？

如何引导恋爱中的孩子？

曾经有一个家长向我咨询，她在"不经意间"看到青春期的女儿和同学的聊天记录，发现自己孩子有了恋爱的迹象，并且双方还约周末下午一块儿出去玩。这位家长感到无比紧张和焦虑，一方面她担心孩子谈恋爱影响学习，另一方面又担心女儿在恋爱中"吃亏"，被男孩子占便宜。于是她问我该怎么扼杀这段不成熟的感情，要不要禁止女儿周末出门。

有同样担忧的家长其实很多，包括我父母。小学时，我刚开始有喜欢的同学，爸妈发现以后就义正词严地跟我说："你还小，不懂。"初中时，爸妈看到我给同学写的情书，语重心长地跟我说："你现在的首要任务就是学习，其他的事情不要乱想。"到了高中，爸妈收走了我的手机，态度坚定地说："你最大的目标就是考个好大学。等你上大学了，我们就不管你了。"

等我终于考上大学，以为可以谈一段甜甜的恋爱时，才发现找女朋友好难啊！不仅要有好的外貌，还要会穿搭，适当的时候还要懂浪漫。可数理化哪教过这些啊！所以整个大学时期，我都在暗恋和表白失败中度过。

其实，恋爱是人际交往的一种能力，既考验一个人的智商，也考验一个人的情商。谈恋爱的能力不是与生俱来的，它需要学习和练习。哪怕你看完厚厚的一本教你恋爱的书，都没有谈一场恋爱直接带给你的启发大。

只有你谈恋爱了，你才知道恋爱中可能会出现你从来没有想过的问题，面对问题，你才会有机会练习如何去解决。而且，只有当你经历过恋爱，你才会更加清楚未来想找什么样的人。

很多家长会要求孩子上大学前不要谈恋爱，这其实剥夺了孩子成长的机会。我在给家长做工作坊的时候，有一个环节就是让家长们分享自己青春期时懵懂的情愫。大家回忆起来都是满脸桃花，虽然故事中也有遗憾和难过，但是每个人都觉得这是他们现在这个年纪再也无法拥有的单纯和美好。

既然家长自己都觉得这是一段非常珍贵的回忆，为什么去阻止孩子拥有这段美好呢?

青春期的孩子激素分泌旺盛，他们开始与家长保持距离，寻求同伴的认同，在感情上渴望获得爱情，这是非常正常的现象。青少年很缺乏爱的教育，家长、学校都不教，他们了解爱情的渠道多是言情小说和偶像剧。而它们就像是兴奋剂，把爱情描述得轰轰烈烈，失去爱情就仿佛失去了生命。这可能会导致青少年走向幻想和极端。相比于言情小说和偶像剧，家长更应该主动承担起责任，成为青少年恋爱教育的启蒙老师。

站在家长的角度，家长自然会有很多顾虑和担忧，比如担心孩子谈恋爱影响学习。纵观我们的成长经历，我们可以找出身边很多谈恋爱影响学习的例子。但是，我们同样可以找到很多谈恋爱没有影响学习，甚至两个人更加努力学习的例子。所以谈恋爱影响学习的原因到底是什么？

其实，谈恋爱不一定会影响学习，影响学习的原因是孩子的恋爱能力没有得到锻炼。比如在恋爱中遇到争吵时，孩子会沉浸在情绪中无心学习，如果我们能教会孩子调整好自己的情绪和状态，谈恋爱不仅不会影响学习，还会培养孩子未来处理情感的能力。同样，在恋爱中，我们还可以教孩子如何去合理分配恋爱和学习的时间。家长可以引导孩子把喜欢一个人变成让自己更优秀的动力。

学习的确很重要，但是除了学习，孩子处理人际关系的能力也很重要。这种能力不是在孩子相亲时、结婚前就能立刻拥有的。哪怕孩子考上了诸如清华、北大这样的高等学府，如果缺乏这些能力，依然会出现很大的问题。

那么关于恋爱，家长到底该如何引导孩子呢？在这里分享给大家四个建议。

第一，在态度上要开明。

家长不要把孩子恋爱这件事情看得很可怕，不要觉得女孩子谈个恋爱、分个手就像吃了很大的亏。培养孩子恋爱的能力，不是让他们多交男朋友或者女朋友，而是要看到孩子在每一段恋爱中，都有机会得到锻炼。

第二，在生活中养成沟通感情的习惯。

如果从小到大你都没主动跟孩子聊过恋爱这件事，那你也别指望孩子进入青春期会主动来找你聊。家长可以主动和孩子分享自己的初恋，自己和爱人的恋爱经历，等等。你分享得多了，孩子也会主动与你分享。

第三，像闺密或者哥们儿一样跟孩子聊感情。

当孩子和你分享他的感情时，不要立刻站出来讲道理、给建议，像闺密或者哥们儿一样随意、自然就行了。设想你最好的闺密或者哥们儿对你说自己有喜欢的人时，你会立即给出建议吗？你只会激动地问：对方是谁？长什么样？怎么认识的？这时，对方是不是就很愿意继续和你聊，包括聊他的烦恼？

其实家长面对孩子的感情也是一样，孩子并不需要家长给出多么完美的建议或是人生指导。先倾听和鼓励就可以啦。当他有明确的烦恼时，再给建议也不迟。如果孩子能感受到父母一直在支持自己的情感，未来，他就会更加有勇气去追求幸福。

第四，失恋后多一些倾听与鼓励。

青春期的孩子情感变化性很大，一段感情可能过段时间就觉得没意思了，也可能因为一个小矛盾就分手了。失恋也是他们成长的契机。再次强调，家长不要急着讲道理，多一些倾听与鼓励，积极去与孩子共情。孩子会在这段关系中有所成长。

当然，如果发现孩子因为对方的评价出现了自卑，家长要及时多给孩子一些正向肯定。

有问必答

提问：

我儿子今年初二，我发现他早恋了，有自己喜欢的女同学，也有女同学喜欢他。发现孩子早恋前，我们之间有过一次谈话。我告诉他，如果有女生喜欢你，说明你身上的闪光点得到了同学认可、爱慕。妈妈会恭喜你长大了，但是初中生还是要以学习为主。时隔半年，通过他与同学的聊天记录和QQ空间，我发现他有了心仪的女生，没有表白，也没有公开。这次我该怎么和孩子沟通呢？

回答：

第一次的谈话，妈妈已经做得很好了。引导孩子意识到因为自己的优点得到别人的喜欢，在一定程度上可以增强孩子的自信心。其实就目前家长反馈的情况来看，孩子并没有因为暗恋而受到什么不好的影响。所以最主要的还是家长要放轻松。可以继续像上次沟通那样，告诉孩子："妈妈很高兴你愿意和妈妈分享你的情感，妈妈也很愿意倾听你的烦恼。以后你有任何困惑，都可以和妈妈说。妈妈会给你鼓励和支持。"如果孩子还是不愿意分享，也不要逼迫。简单地告诉他："妈妈相信你可以处理好自己的事情，如果需要帮助和倾听，你可以随时找妈妈。"

最后，家长要控制自己，不要去看孩子的聊天记录，少翻孩子的QQ空间。你越主动靠近，孩子反而越想着躲开。

你可以尝试

假如孩子的班主任打电话给你，告诉你孩子在班里有和某个同学恋爱的迹象，你会怎么办？

孩子说自己是同性恋，家长如何回应与引导？

本节核心问题：　为什么青少年越来越关注同性恋话题？
　　　　　　　　家长如何引导青少年科学看待同性恋？

有一次，我给初二的学生上性教育课，课程最后我问学生还有什么问题希望得到老师的解答。有一个女学生非常直接地问："老师，你可以讲讲同性恋吗？"这时，班级中另外两名女生非常激动地举手说："老师，我就是同性恋。"

在近三年的教学中，我发现这样的现象越来越普遍。据调查显示，在14~17岁的青少年群体中，有10.8%的青少年表示自己有同性恋的倾向。很多青少年会公开声称自己是同性恋、双性恋、无性恋。我曾遇到过一些来自家长的咨询，家长在无意间发现自己处于青春期阶段的孩子谈恋爱了，而对方是一个同性。对此，家长们都很焦虑，担心孩子走向"歧途"。

为什么青少年越来越多地出现这样的情况？家长应该如何引导？

我们先来了解一下青少年会有这种情况的原因。

首先，当下互联网普及，青少年获取信息的途径远远超出家长们的想象。他们可以轻易在社交媒体、短视频，甚至影视作品中看到同性恋这个群体。同性恋对于青少年而言不再是一个陌生的话题，他们好奇、谈论和交流这一话题的机会越来越多。

其次，在当下的青少年群体中，尤其是女生群体，特别流行耽美小说，读者小到三四年级的儿童，大到成年人，数量非常庞大。

耽美小说是专门描写同性之间爱情的小说，除了耽美小说以外，也有耽美漫画、耽美动漫等。

在某种程度上，耽美小说在青少年的社交过程中起着巨大的作用。青少年会因为彼此共同喜欢看耽美作品而有更多的话题交流，也会因为想要融入这一群体而尝试阅读耽美作品。

而在这些耽美小说中，青少年会有大量的机会去了解同性恋让人感动、陶醉甚至痛苦的情感。它和其他言情小说一样会让你笑得合不拢嘴，哭得稀里哗啦。看这些小说的青少年不仅不会歧视同性恋，甚至向往、羡慕这样的爱恋。

另外，耽美小说将同性恋视为对世俗、伦理的摒弃，同性恋跨越性别的爱情也被视为对传统、权威的挑战。因此，耽美小说高度契合了青春期青少年彰显自我的性格特征。

以上情况更多是青少年对同性恋的好奇和探索，恰逢青春期的他们又渴望建立特立独行的身份认同，所以会去尝试与同性恋爱或者声称自己就是同性恋。这就是青少年探索自己、探索世界的一个过程。

还有一种情况是，青少年的确模糊地觉察到了自己的性取向。虽然目前没有明确的研究证实多大的孩子能够明确自己的性取向，但从大量的案例来看，的确有一部分同性恋群体在青春期就已经觉察到自己的性取向与他人不同。

那么面对以上两种情况，家长应该如何引导孩子？

如果是第一种情况，青少年仅仅因为好奇、追求特立独行而去与同性谈恋爱，并不是真的同性恋群体，建议家长参考以下三点。

第一，以更加开明的态度看待孩子对新鲜话题的探索。没有任何研究和证据能证明孩子因为好奇同性恋群体、阅读该类型的小说就真的变成了同性恋。相比于同性恋，部分小说中暴力、粗俗的内容更值得家长警惕。

第二，如果家长有时间，鼓励家长去阅读孩子看的耽美小说。当你看完以后，或许你更能站在孩子的视角理解孩子的许多行为。

第三，找到机会与孩子聊聊同性恋这个话题。告诉孩子同性恋群体是一个很正常的群体，和异性恋群体一样，只是性取向不同。就像有的人喜欢吃苹果，有的人喜欢吃梨。告诉孩子不要急着给自己贴标签，等到长大了，更加明确喜好以后再确定自己的性取向也不迟。

面对青春期阶段的孩子，家长要避免用否定式的方式沟通。

比如不要告诉孩子："你不是同性恋，你根本不懂，你就是觉得好玩。"家长越是否定，孩子越是认为自己就是。

对于第一种情况，只要家长理解了孩子行为背后的原因，大多数可能都不会感到焦虑。

而如果是第二种情况，孩子的确是同性恋，并且觉察到自己的性取向与异性恋不同，家长可以采取以下做法。

首先，一般青春期阶段的孩子，不要太快给孩子贴上同性恋的标签。如果孩子真的主动和你讨论他的性取向，他一定是鼓起了非常大的勇气，他信任你才告诉你。因为他可能正处于痛苦、挣扎、迷茫的阶段，甚至正遭受基于性取向的校园欺凌。他渴望被认同、被接纳。

其次，家长要做的就是倾听他的想法，谢谢他愿意告诉你这些，并且告诉他："无论你是不是同性恋，你都是我的孩子，我都会一如既往地爱你。"正如孩子喜欢异性一样，同性恋也会面临恋爱的烦恼，家长可以像闺密或者哥们儿一样和他聊一聊爱情。

最后，家长可以多了解一些关于同性恋的知识，改变对同性恋群体的偏见与歧视。

同性恋是只对同性产生爱情和性欲的人，同性恋者古已有之。然而人们曾经一直认为，异性之间的性行为和性欲望是标准的范式和唯一的常态。不符合这个标准的行为就是偏离标准范式的，是不正常的。在错误的观念中，同性恋被看成一种病态的存在。后来，随着性学家、心理学家和精神病学家的不断探索，1973 年，美国精神医学学会把同性恋从精神疾病诊断标准中去除。1990 年，世界卫生组织将同性恋从原有的"成人人格与行为障碍"的名单上删除。1997 年，美国心理学会通过决议：同性恋不是一种疾病，因此也没有必要进行治疗。虽然性观念在进步，但在我们接受咨询的过程中，仍能接触到大量对同性恋的误解。

每次我们遇到家长咨询自己的孩子是不是同性恋的问题时，都能切实地感受到他们的焦虑。他们说可以接受别人是同性恋，但无论如何都接受不了自己的孩子是同性恋。这句话表明，很多家长还是把同性恋看作是不正常的。

这里，希望家长能在对一件事情有充分认识的情况下做出判断，而不是一听同性恋就觉得那是病得治。

假如最后你都了解了，仍然无法接纳同性恋这个群体也没有任何问题，这是你的权利，但是请不要歧视和攻击同性恋。假如你的孩子真的是同性恋，或是性少数群体，请记住，这不是孩子自己能决定的，不是他的错。你应该给予孩子无条件的爱，包容孩子。

我们在这里呼吁更多的家长能用开放、尊重的视角去看待多元性取向，也许大家会逐渐意识到，同性恋群体是一群普通的人，和异性恋一样。

有问必答

提问：

我是爸爸，晚上我会陪我家大宝睡觉，和他同床不同被子。这样时间长了，他以后会不会是同性恋呢？谢谢！

回答：

不会。没有任何理论和证据证明爸爸陪儿子睡会导致孩子性取向发生改变。

提问：

我是单亲妈妈，想知道如何带着青春期男孩生活，既能保证母子关系和睦融洽，又能让孩子性取向健康。

回答：

请你放平心态，单亲不会影响孩子的性取向。

你可以尝试

观看电影《天佑鲍比》，并思考：如果你是鲍比的家人，当知道自己的孩子有同性恋倾向时，你会如何与孩子沟通？

青春期孩子偷拿妈妈的丝袜和内衣，家长如何引导？

本节核心问题： 什么是恋物癖？
医学如何判断孩子是否属于恋物癖？

我曾遇到过一位家长，她儿子今年初一，在最近三个月时间里，先后两次偷拿妈妈的内衣和丝袜，并将其藏在自己的衣柜中。家长非常焦虑，担心孩子发展成恋物癖。于是便来咨询该如何与孩子沟通，是否要带孩子去看心理医生。

近几年，类似的案例越来越多。在偷拿妈妈丝袜或者内衣的孩子中，既有五年级的小男孩，也有高中男生。这样的行为是否属于恋物癖？孩子又是基于什么原因偷拿妈妈的内衣与丝袜？

根据国家卫健委 2020 年 11 月发布的《精神障碍诊疗规范》，恋物癖又称为恋物症，是性偏好障碍中的一种精神障碍。它是指反复收集异性所使用的物品，并通过抚摸、嗅闻这类物品伴自慰或性交来获得满足。几乎仅见于男性，其所痴迷的物品往往是女性的内衣、鞋袜等物品。

确诊恋物癖有三个核心点：第一，这些行为要给当事人带来痛苦，或者导致其社交、职业或其他重要功能方面的损害，但不能自我控制。第二，当事人本人对其行为有辨认能力，自知其行为不符合一般社会规范。第三，该行为至少持续六个月以上。所以目前仅仅通过以上行为，暂且还不能定义男孩的行为属于恋物癖。况且，在青春期这个阶段，青少年在性方面的探索时常会出现一些大胆、离奇、非常规的行为，这是一个常见且正常的现象。

为什么青少年会出现此类行为？

首先，无论是 05 后还是 10 后，越来越多的青少年热衷于二次元文化，包括漫画、动漫等文学、影视类作品。在部分以日漫为代表的漫画中，常常将大长腿、丝袜、高跟鞋视为女性体现性感的要素。青少年在认识性、探索性的过程中会先入为主地被影响，并开始追捧这种性感。

其次，青少年在青春期阶段，由于体内激素分泌旺盛，会更频繁地出现性欲和性冲动。他们会将性幻想寄托于这些性感的物品上，并通过自慰来满足自己生理和心理的需要。

部分青少年由于缺乏性教育的引导，在性冲动时则会偷拿身边女性的衣物辅助自慰。他们并不清楚社会会如何看待这些行为，在冷静下来以后也会后悔和自责。许多青少年在尝试几次以后，便会停止此类行为，只有极少数青少年会持续该行为到成年。

面对青少年的这些行为，家长如何应对？

第一步，家长可以先客观分析孩子的基本情况。比如孩子在平时生活中，是否存在社交少、孤僻、亲子关系差等情况。如果有，则孩子偷拿妈妈私密物品的行为只是众多问题的一个表现，只是因为该行为涉及"性"，所以才更容易引起家长的关注和焦虑。家长应该优先关注孩子的心理健康。

如果孩子平时社交正常，并无其他心理问题，则家长要调整自己的心态，放轻松，反复告诉自己，这只是青春期孩子常见的性活动，并不是性癖。

第二步，找一个合适的时机，最好是亲子之间比较放松、愉快的时刻，单独与青少年开启对话。不同的家庭可能时机不一样，比如有的家庭习惯吃饭时聊天，有的家庭习惯看电视的时候聊天。总而言之，避免找一个原本就紧张的时刻谈此话题。

第三步，家长主动提起话题。采用先询问孩子的想法，最后教育的原则。不要一上来就讲道理，告诉孩子应该做什么，不应该做什么。这一步，家长可以与爱人先练习，比如其中一位家长扮演孩子，反馈孩子此刻可能会有的感受。

面对话题，有的孩子可能会坦白，有的孩子可能会一直保持沉默，并试图否认。家长可以积极表态：我知道在你这个年纪好奇这个很正常，很多人在你这个年纪都会有类似的行为。我并不是来责怪你，只是想和你聊聊。

第四步，如果孩子一直保持沉默或者否认，或者孩子逐渐打开心扉，家长在最后准备结束谈话时，可以表达自己的要求。比如，你好奇很正常，我能理解。但你未经同意拿走妈妈的私密衣物，妈妈会有些不舒服。希望你能尊重妈妈，不再偷拿妈妈的衣服。

绝大多数青少年在经过与家长的谈话后，此类行为都会逐渐消失。个别孩子如果依然出现这种行为，则需要寻找专业性教育老师介入，采取更有针对性的引导方法。

最后，性教育的谈话对于很多家长而言非常困难，一方面是因为在其家庭中，一直缺乏性教育的沟通习惯，到了青春期突然谈这么有挑战的话题，家长会感到非常难；另一方面，如果亲子关系不好，哪怕家长按照性教育的建议，采用建议的流程，讲出标准的话术，孩子始终会拒绝沟通。所以再次呼吁家长从小开始给孩子进行性教育，养成家庭性教育的氛围，学习相关家庭教育课程，培养良好的亲子关系。那么即使家长遇到此类难题，沟通起来也会事半功倍。

有问必答

提问：

我儿子 16 岁了，总是买些女性内衣和丝袜，要怎么引导比较合适呢？我曾经尝试过和他沟通，但他像仇人一样瞪着我，我该怎么办好呢？

回答：

既然孩子非常抗拒与家长沟通该话题，建议家长短时间内就不要急着和孩子沟通此事了。因为至少孩子是买的内衣，而不是偷的内衣，而且仅仅是用于自慰的话，暂时还不会给孩子带来直接的伤害。家长可以先学习性教育和亲子沟通的课程，优先提升与孩子的亲子关系，先尝试从其他性教育话题入手。当孩子愿意与你沟通性教育的话题以后，再做尝试。

你可以尝试

假设你发现孩子偷拿妈妈的丝袜，尝试和爱人练习与孩子沟通此话题，并彼此分享扮演孩子时的感受。

女儿来月经，家长如何让孩子坦然接受?

本节核心问题： 女儿第一次来月经，家长可以做些什么？

有一个女生，在她第一次来月经的时候，面对突如其来的经血，她害怕极了。她马上向妈妈求助，没想到妈妈知道后的第一句话是："怎么这么早就来了！唉，以后个子都长不高了。"说完妈妈给了她一片卫生巾，并说："拿去贴内裤上。"之后，她一直无法接纳来月经这件事情。妈妈当时的语气，以及那句"这么早""长不高了"，仿佛都在告诉她来月经是一件非常糟糕的事情。

月经是女性非常正常的一个生理现象。当女孩进入青春期以后，卵巢开始排出卵子，与此同时，子宫内膜会在激素的影响下增厚，为受精卵的着床做好准备。而如果卵子没有和精子结合形成受精卵，子宫内膜就会脱落引起出血，这个现象就叫月经。月经也是女性进入青春期最典型的标志之一。

而且来月经并不意味着个子长不高了，女性来月经以后，在未来的 2~3 年内身体依然会持续发育和长高。

虽然现在的孩子可以轻易通过广告、手机等途径知道月经和卫生巾这回事，但是来月经时的痛经、同学课间换卫生巾时的遮遮掩掩，以及小卖部老板用黑色塑料袋装卫生巾的行为，都潜移默化地让孩子觉得好像来月经是一件非常丢脸的事情。

所以，家长依然非常有必要跟孩子正面科普月经这件事。让孩子对月经、卫生巾有一个坦然的认识，让孩子来月经时不紧张、不害怕。并且，悦纳月经和女性的身份，以积极、乐观的心态看待自己的发育，自信地成长。

那么，家长应该如何跟孩子科普月经？我们建议从以下四步入手。

第一步，家长要坦然看待月经，要对月经有一个科学的认识。

在我接触的许多家长中，家长们潜意识里还是会觉得来月经是个烦恼，甚至有的家长很忌讳孩子看到自己的卫生巾。设想家长对待月经是这样消极的态度，孩子在家长的影响下，也会觉得来月经是一件非常烦的事情。

家长在跟孩子聊月经的时候，要以一种积极的态度，比如，来月经代表你长大了，代表你有生育的能力了，这是一件非常值得庆祝的事情。在家长积极态度的影响下，相信孩子不仅不会害怕来月经，甚至会有点期待。

第二步，提前主动跟孩子聊起月经，为女孩来月经做好准备。

从三四年级开始，家长就可以主动找机会跟孩子聊起月经，提前传递科学的认识。比如，妈妈去超市买卫生巾的时候，可以带上女儿。孩子肯定会问这是什么，妈妈可以跟女儿解释，女孩子长大以后每个月会来月经，来月经的时候会流血，就需要用卫生巾，避免经血流到裤子上。

如果孩子听到流血感到害怕，妈妈可以语气轻松地告诉她：虽然流血了，但是并不代表妈妈生病了，稳定地来月经反而说明妈妈的身体很健康。等你长大以后，你也会来月经，到时候我要恭喜你长大了。

每次妈妈来月经都是跟女儿科普月经的好时机，家长可以在家里让女儿提前练习如何使用卫生巾。平时也可以在女儿的包里备一片卫生巾，以备不时之需。

很多家长在我们的建议下主动和女儿科普月经、卫生巾，当她们的女儿月经初潮时，不仅不害怕，反而非常开心地告诉妈妈她来月经了，需要妈妈的卫生巾。

第三步，家长在女儿来月经时准备一个小仪式。

家长可以给女儿准备一个蛋糕庆祝她来月经，也可以带着孩子出去吃一顿大餐，甚至可以让家里人一块儿给女儿准备一份礼物。相信这些仪式感都会成为孩子成长过程中珍贵的记忆。

第四步，家长要给孩子准备齐全的生理卫生用品。

包括日用卫生巾、夜用卫生巾、睡觉时防侧漏的安心裤、装卫生巾的可爱小包、痛经时的止痛药、暖宝宝等。这些生理卫生用品可以让孩子平缓地度过经期，避免刚来月经时的紧张和不知所措。

如果家长有知识储备，也可以和孩子分享自己的经验与月经的知识。在后面的内容中，我们将分享 23 条月经必备小常识。

家中有女初长成，期待未来有越来越多的家庭可以让女儿欣然接受月经，并自信长大。

有问必答

提问：
在我女儿来月经之前，我就给她科普过，希望她能科学看待。所以当她来月经的时候并没有感到紧张或者害怕。但是她有比较严重的痛经，导致她经常会在我面前抱怨。我不知道该怎么正确地引导她。

回答：
首先，家长不要急着去教育女儿，先接纳孩子的情绪。当她痛经时，必然会有情绪的起伏，她可能会感到难过、无奈、愤怒、痛苦等。家长需要先看到她的倾诉，并积极共情。

其次，建议家长带孩子去医院做一个检查，诊断痛经的原因，排除其他疾病引起的痛经。

最后，在遵医嘱的情况下，可以让孩子服用止痛药来缓解痛经。

你可以尝试

妈妈可以带孩子一起去超市购买卫生巾，并和孩子分享挑选的经验。

青春期孩子自慰，该不该管?

本节核心问题：　自慰对身体是否有伤害？
发现青春期孩子有自慰行为，
家长要不要干预？

美国著名性学专家阿尔弗雷德·金赛在《金赛性学报告》一书中提出：任何一种能产生性欲唤起的自己对自己的刺激行为，都称为自慰。

自慰总被称为"手淫"，但是说实话，我们不太认可"手淫"这个词。就像上述观点里面说的，自慰并不一定用手，它可以通过夹腿，通过摩擦物体等很多方式来刺激自己。并且，自慰本身是一种自然的行为，没有涉及道德淫乱的层面，也谈不上"淫"。所以某种程度上，"手淫"这个词是对自慰的一种污名化。

我记得自己青春期第一次自慰是在小学六年级。当时睡醒以后我趴在床上，生殖器不小心摩擦到床，给我带来一种特别的快感，于是我就反复摩擦起来。之后，我每天都会"探索"自己的生殖器。后来进入初中，我开始住校。在宿舍的一次"夜间洽谈会"中，我发现原来好多同学都有这种行为。当时大家都觉得很神奇，其他人竟然也有这样的行为。再后来我不知

216

道从什么地方听说了"一滴精十滴血"这样的形容自慰有害身体健康的言论,每天过得特别焦虑。因为父母的个子不是特别高,所以我还非常担心自慰会让自己长不高。我还担心自慰会让自己产生性功能障碍。

后来上了大学,接触了性教育,我才知道,不过度频繁的自慰行为对人体是没有伤害的。不管是成年人还是青少年,又或者是儿童,出现自慰行为都很正常。它和吃饭、睡觉一样,是人类与生俱来的一种很自然的生理活动。当然,任何事情都有两面性,比如当一个人从各种途径获知了关于自慰的不科学解释,认为只要自慰,就是自己身体和心理都不健康,而自己又不能停止的时候,内心会产生很强的焦虑。这种由于错误认知造成的心理负担就可能会带来伤害。另外,所有事情做过头都会带来负面影响,懂得适度、适量才会让生活更好。关于自慰,我们的态度是不需要试图改变孩子,我们要解决的核心问题是明确自己对此的认知。

性学界、医学界、性心理学界几乎达成了共识:正常的自慰无害。近几十年以来,国内的科学界也一直在宣传这个观点。所以,家长不要把自慰这件事情看得特别恐怖。我们希望家长能够带着科学的眼光去看待自慰这件事,不要轻易被错误信息误导。

我们在接受咨询的过程中,不止一次遇到过无法正确看待这件事的家长。有一位家长说,她通过房门上的猫眼看见自己14岁的儿子在房间里自慰,很担心,问我们需不需要与孩子沟通，让他停止自慰。还有一位家长比较极端，她发现自己 12 岁的女儿在床上自慰，当时就打了女儿一巴掌，并且对孩子说："女孩绝对不可以有这样无耻的行为。"打完骂完以后，这个家长来求助我们，问我们该怎么让孩子戒掉这种行为，说再这么下去孩子就毁了。

这两个案例中有问题的都是家长。一个不尊重孩子的隐私，偷窥孩子；一个竟对孩子使用暴力。更可怕的是，由于对性的无知，他们都用错误的方式、消极的眼光看待孩子的正常行为。

那么，发现青春期孩子自慰，我们真的不需要干预吗？如果在此之前你从来没有就性问题与孩子沟通过，亲子关系也不是无话不谈或者彼此之间没有小秘密的，那么你也不需要去刻意跟孩子讲什么。可以悄悄把与自慰相关的正确知识渗透给孩子。

如果你一直保持对孩子进行性教育，这时则可以引导孩子注意隐私，不要当着别人的面自慰，因为会吓到别人，而且在别人面前自慰是一种性骚扰；每次自慰之后要注意保持卫生，要清洗自己的生殖器；要注意安全，不要用危险的方式自慰；不要过度频繁自慰，如果有感到焦虑的事，要对父母说。

有问必答

提问：

我家儿子 12 周岁，上初一。今年暑假我发现他有自慰行为。他告诉我："小鸡鸡立着难受，自慰后才不难受。"我强忍内心的慌乱，镇定地告诉他："这没什么，但是你要控制自己不能再有这种行为。"我也不知道自己这么做对不对。青春期自慰我觉得正常。可问题是我们家孩子才12周岁，我觉得很震惊，他还是个儿童啊！最严重的时候，他每天穿着校服睡觉。我问他为什么，他说穿校服才会克制自己不做"坏事"，不然会有罪恶感。而且孩子还对我说："妈妈，这段时间饮食给我清淡点。百度上说这样有助于改掉坏毛病。"他甚至写了字条贴在床边：克制自己。我真的又心疼又焦虑。我没有指责他，或者给他灌输这样是犯错的思想。但是他自己各种上网查，认为这是一件特别不好的事情。表面上我都是告诉他很正常，没关系。可是我内心很慌张。他爸一直让我不要操心，他来沟通，但是我就是很焦虑。

回答：

在错误的观念中，性只有成年人才可以有。孩子有性欲，就是失足。老人有性欲，就是为老不尊。事实上，性是每个人与生俱来的，不论儿童、青少年还是老人都会有。自慰并不是一件可怕和可耻的事情，也没有过早一说。也许，在家长的观念中，孩子永远是自己的小宝宝，一旦得知孩子自慰就会慌张。

家长要知道，观念的落后才是问题的核心。你必须意识到12岁的孩子已经进入青春期，正逐渐长大且不再是一个宝宝。这个年纪出现自慰行为很正常，也很常见。

另外，孩子已经通过网络获取了大量的错误信息，我们必须正面坚定地告诉孩子，自慰不是一件坏事，很多人都会自慰，自慰不代表你学坏了。网络上有很多关于自慰的说法并不一定正确。你可以适当自慰，只要注意好隐私、卫生和安全就可以。

你可以尝试

以前你是如何看待自慰的？现在你的想法有变化吗？

发现孩子偷看色情内容，怎么办？

│ 本节核心问题：│ 成人内容对孩子有什么影响？

曾有一位家长向我们咨询说，自己的女儿 11 岁了，他最近发现孩子在手机上看成人漫画。刚开始他语气平和地与孩子进行了沟通，告诉她这个年纪不能看，不能沉迷在里面。但是过了一段时间，他发现孩子还是在看。他非常想知道该怎么避免孩子再看此类内容。这个家长的反应还算平静，我们甚至遇到过有家长问该怎么拯救他的孩子。

其实，事情并没有那么严重。我们一起来分析一下。

为什么我们会对孩子接触色情信息感到恐慌？

我们对孩子接触色情信息感到恐慌，最重要的原因也许是色情的危害被"教育"严重夸大了。色情真有那么可怕吗？色情确实有危害，成人影片、成人书籍里面有大量的误导性信息，色情的危害程度是有的，但不是毁灭性的。我们应该反对色情信息，绝不希望孩子通过色情信息来认识性。但是我们也要理性地看待孩子接触色情信息，并不是一旦接触了色情信息，孩子就"堕落"了。

家长害怕孩子接触色情信息，归根究底是担心以孩子目前的认知能力和自控能力，无法辨别色情信息中的错误信息，会被错误信息误导，甚至为之着迷和堕落。我们不能妄想孩子在青春期对性不感兴趣——这是人类的本能，人类就是靠这种原始的本能不断繁衍的。

如果担心孩子被错误的色情信息误导，那么我们要做的，应该是帮助孩子提前认识这些错误信息，及时告诉他有些信息是错误的，以及为什么我们不希望他被误导。很多家长简单粗暴地告诉孩子："这东西有害，小孩子不要看。"事实上，这句话对大多数孩子几乎没用。

色情信息里的这些违法违规的内容包含了很多夸张、物化女性、扭曲人性的表演。我们要试着去帮助孩子提高辨识信息的能力。孩子终有一天会离开父母独自生活，他们应该逐渐学会分辨各种信息。所以我们的建议是，当你发现孩子有看成人影片的迹象，别恐慌，主动和孩子分享正确的信息，以及识别错误信息的方法，提高他对不良信息的辨识能力。

如果发现孩子反复观看，甚至沉迷，建议家长好好观察下孩子整个人的状态。比如，孩子是不是在生活中获得愉悦的方式很少？孩子的社交圈是什么样的？孩子平时和同学之间相处得好不好？能不能从和同伴的相处中感受到快乐？孩子平时的学习状态怎么样？能不能从学习中获得成就感？孩子有没有积极的兴趣爱好？其实，孩子沉迷成人影片和成人书籍的现象和沉迷游戏非常相似，大多数青少年沉迷于游戏都是因为他们在生活中找不到其他有意思、有成就感的事情，亲子关系也不好。而在游戏里，他们可以通过自己虚幻的努力获得直接的反馈，所以会觉得玩游戏比做其他事情有意思。

当我们向一位前来咨询的家长了解孩子其他方面的情况时，得知他儿子是一个体形比较胖、性格有点自卑的男生，学习成绩不好，也没什么朋友，父母之前的教育方式则不是打就是骂。

试想一下，无论是谁，在现实生活中无法获得同伴的认同，在学习上无法拥有成就感，父母也是靠打骂来教育，遇到色情内容和游戏时，可能都很难不沉溺其中吧。这既因为这些内容能满足一个人在青春期对愉悦的期待，替他做了他想做但是做不到的事情，也因为他在真实生活中可以获得的愉悦感和成就感太少了。

所以，与其一心阻止孩子看成人影片，倒不如从根本出发，尝试改善亲子关系，帮助孩子扩大社交圈，帮他在现实生活中获得同伴的认同。当他找到了更多的获得愉悦的方式，一定不会只沉迷于色情内容了。

如果你实在是担心孩子在性方面被误导了，那就大大方方地和孩子聊聊这个话题。当你客观地向孩子指出成人影片中的错误信息以后，孩子真没有那么容易被成人影片摧毁。

有问必答

提问：

我家孩子10岁，最近看到她经常用手机看网络漫画，尤其是韩漫。我发现这些漫画有很多有"颜色"的部分，当时我轻描淡写地跟她说不要看那些不健康的漫画，对思想不好，但感觉孩子并没有听进去。我该怎样对她说好呢？

回答：

发现孩子看成人漫画，家长不用太过担心。孩子在这个年龄段对性好奇很正常，也很常见。当然，这并不代表我们不需要去引导孩子，只是说这件事情没有我们想象的那么严重。这时候，恰恰是家长和孩子沟通的好时机。

家长可以这样告诉孩子：你现在看这些很正常，很多人都会好奇，小孩子会好奇，大人也会好奇。妈妈并不觉得你变坏了。这些东西虽然看着有意思，但是里面有很多错误信息，妈妈不希望你被这些错误信息误导。就像武侠玄幻故事一样，里面好多东西都是虚幻的。其实，女性并不会那么随便地和别人发生性行为；每个人都有自己的隐私，不会随意暴露自己的隐私部位给别人看；而且暴力、强奸都是违法的。我们不要被那些错误信息误导。性是美好的，但是过早发生性行为，尤其是在身体还没有发育成熟时，会让你的生殖器受伤。妈妈相信你，妈妈和你说完这些以后你自己决定看不看。妈妈更希望你不要去看。但是就算你看，妈妈也不反对，只要你不被误导就好。以后有任何对性好奇的、不懂的地方，你都可以来问妈妈。妈妈会回答你的每一个问题。假如妈妈也不知道，妈妈会和你一起去学习。

你可以尝试

反思一下你对成人影片的认识，你觉得它对你产生过什么负面影响？你觉得它会影响孩子吗？如果会，会是怎样的影响？

家长怎么教女儿选文胸?

本节核心问题: 青春期的女孩如何选择适合自己的文胸?
关于乳房,家长应该教孩子什么?

女性一生中有相当长的时间需要文胸的陪伴,而不得不承认,在当下,很多青春期的女孩竟然不知道如何给自己选择合适的文胸。这可能是因为女孩的妈妈对文胸也是一知半解,总觉得差不多就可以了。我们想告诉大家的是,对于青春期的女孩来说,穿对文胸很重要,一件不合适的文胸所带来的危害甚至比不穿文胸还严重。

选择的文胸大小、松紧要适宜。文胸太大起不到支撑保护的作用,太小又会阻碍乳房的正常发育。青春期的女孩正处在发育期,在发育过程中,应及时更换合适尺码的文胸。

如何帮女孩选择适合自己的文胸?

确定女孩文胸的尺寸需要两个数据:上胸围和下胸围的尺寸。上胸围指的是经过胸部最高点乳头的胸部水平围长,下胸围指的是乳房最下沿的胸部水平围长。

上胸围应该是在上半身向前倾斜 45 度角的情况下量的，测量结果会比站直的时候要大一些。一般穿戴依据这个尺寸选购的文胸，罩杯都能够盛满。而直立测量的话，由于亚洲女性胸部自然下垂，尺寸往往会偏小，穿戴时容易出现在胸部压出勒痕，而罩杯却没有盛满的情况，类似于偏小的帽子在头上勒出了勒痕。这样的尺寸就不太合适。

文胸的尺寸一般由下胸围尺寸和罩杯一起组成。

下胸围的尺寸标准一般有 70 厘米、75 厘米、80 厘米、85 厘米，以此类推。

上下胸围之差得出文胸的罩杯大小（手工测量误差 1~2 厘米属正常）。

型号（罩杯）	A	B	C	D	E	F
上胸围与下胸围之差	7.5~10 厘米	10~12.5 厘米	12.5~15 厘米	15~17.5 厘米	17.5~20 厘米	20~22.5 厘米

如果下胸围是 75 厘米，上胸围是 83 厘米，两者之差是 8 厘米，那应该选 A 罩杯，文胸的尺寸就是 75A。如果下胸围是 75 厘米，上胸围是 85 厘米，两者之差是 10 厘米，那应该试试 A 罩杯和 B 罩杯，选择更舒服的尺寸。如果上下胸围之差是 A 罩杯，而下胸围是 77 厘米或 78 厘米左右，那么应该试试 75A 和 80A，选择更舒服的尺寸。

女孩应该什么时候开始穿戴文胸？

女孩在进入青春期后，胸部开始快速发育。8~13岁的女孩如果已经能观察到胸部凸起，就可以购买第一件少女背心了。这个时期，女孩乳头周围会变得敏感易痛，挑选少女背心时应选择柔软舒适的面料，避免压迫发育中的乳头和乳房。

女孩一般在13~16岁时，乳房开始微微隆起，这个时期可以穿稍有罩杯型的少女背心。在18岁之前不要选择聚拢款式，穿正常合适的文胸即可，这样可以避免挤压胸部，影响正常发育。

青春期的孩子生长发育比较迅速，我们建议家长每个月帮助女孩测量身体，如果身材发生了变化，就要及时更换文胸。妈妈最好和孩子保持沟通，每隔一个月左右，主动询问孩子文胸是否有紧或者松的感觉，如果有，要及时更换。

按摩乳房是否真的有利于乳房发育？

乳腺是结缔组织，它不像肌肉，可以通过按摩放松。按摩乳腺可能造成乳腺组织增生，所以一般专业医生都不建议按摩乳房。尤其是青春期的孩子，如果用各种精油进行乳房按摩，可能会造成很多不确定的影响。

真正对胸部发育有好处的是体能锻炼。我们可以带孩子做学生广播体操，其中的扩胸运动，或是双手拉弹力器的运动，都对胸部发育有好处。也可以带孩子去游泳。游泳时水压会刺激胸部的脂肪组织，经常游泳可以帮助孩子矫正平时含胸驼背的姿势，也有利于孩子保持挺胸收腹的健康身姿。

乳房发育可能带给女孩的困扰

青春期乳房发育有可能给女孩带来困扰，尤其是乳房发育较早、乳房较大的女孩。有不少女孩的体态、坐姿和站姿，都是从这个时候开始变化的。不只是身体上的变化，乳房发育也可能给女孩带来一些心理层面的影响。

我们建议家长跟孩子提前沟通。告诉孩子乳房健康发育是一件美好的事情，女孩应该以此为荣，不要因此养成含胸驼背、穿紧身束胸衣的习惯。另外，家长也要及时帮孩子购买尺寸合适的文胸。

也有一些女生为自己的乳房还没有开始发育，或发育得较慢而发愁。敏感的女生很容易在公共浴室或集体活动中，发现自己的乳房不如同龄人的丰满，她们可能会怀疑自己的乳房发育不正常。乳房偏小可能与发育得相对晚有关，一般来说，乳房开始发育的早晚并不决定之后发育的快慢，也不影响成年后乳房的大小和形状。家长如果发现了孩子的心事，应该主动给她解释。

如果女孩月经初潮后很长时间，乳房还没有开始发育，家长就有必要带孩子到医院检查一下，请医生诊断这种情况是生理性的，还是病理性的，以采取对策。

在乳房发育过程中，有些女孩的乳房可能会出现左右发育不一样的情况，往往是一侧稍大，一侧稍小，或一侧稍高，一侧稍低。要是孩子因为这个而烦恼，家长可以先带她去体检，看看是否不当的站姿导致了双肩或双侧胸廓骨不一样高。如果是，及时矫正站姿即可。如果排除了骨骼问题，就可以告诉孩子，左右乳房大小不一致的现象对以后的生活并没什么影响，对身体健康也没有不利之处，是完全正常的。到发育成熟后，两个乳房的大小就会很接近了，不过也不可能完全一样，不必为此感到忧心。

月经期间，女孩体内激素水平增高，乳腺导管扩张，可能引起乳腺导管周围纤维基质水肿，乳房会胀大变硬。这时，孩子可能会摸到乳房内有块状物，并感到胀痛。家长也要及时告诉孩子，这是乳房发育过程中正常的生理现象。

此外，家长应引导青春期女孩养成勤洗澡的习惯，注意乳房卫生。平时可用温水清洁乳房，再用冷毛巾敷一下，刺激血液循环。睡觉前一定要脱下文胸，以免过度压迫乳头及乳房，引起瘙痒。需要注意的是，乳房的皮肤十分娇嫩，感觉痒的时候千万不要直接用手抓挠。若痒感严重，或皮肤出现了红肿、疼痛甚至皮疹，应及时到正规医院的皮肤科或外科诊治，不可乱用药膏涂抹。

有问必答

提问：

怎样判断女孩是不是发育了？我是一个比较粗心的妈妈，女儿 10 岁多，比较胖，胸部有凸出。

回答：

10 岁女孩的胸部开始发育是很正常的。女孩乳房的发育多开始于 8~13 岁，发育前期仅有乳头凸出，之后乳房隆起，乳晕增大。里面有硬块也是正常现象。

你可以尝试

假如你刚发现女儿的胸部开始发育，这时你觉得要做的第一件事是什么？

关于月经的 23 条必备常识

| 本节核心问题： | 来月经时的注意事项有哪些？ |

有一次，我们给青春期的学生做性教育普及，一个男生悄悄对我说："做女生实在是太痛苦了！"我问他为什么这样说。他说："你知道女生来月经的时候要使用卫生巾吗？"我点头。他说："很痛！"我心想：难道是痛经？可是，他一个男生怎么知道女生痛经会很痛？"上次我偷偷地试用了一片卫生巾，痛死我了！"他说。我很奇怪："没听说过用卫生巾会很痛啊！你怎么用的？"他回答道："我就是这么贴上去啊，撕下来的时候痛死我了！"我只好哭笑不得地告诉他："你贴反啦！有黏性的那面是贴内裤上的，不是贴肉上的。"

我们还确实遇到过很多女同学在第一次使用卫生巾时也搞不明白闹笑话的情况。我们希望不管男孩还是女孩，家长都多告诉孩子一些基本的月经常识。本节内容家长可以和孩子一起逐条阅读，一边阅读，一边讨论。

月经初潮是女孩青春期到来的重要标志之一。虽然月经对很多女性来说是一件比较麻烦的事情，尤其是刚来月经的女孩，但这是件值得纪念并且自豪的事情。女孩应该用积极乐观的态度迎接自己月经的到来，在成长过程中不必因为月经而感到尴尬或害怕。

以下是我们总结出来的 23 条家长和孩子必知的月经常识。

1. 月经是每个少女都要经历的，是女孩进入青春期，即将成熟的一个标志。

2. 阴部长出阴毛，个子迅速长高，月经也就快来了。但每个人来月经的年龄不一样，有的小学五年级就来了，有的 16 岁才来，这都是正常的。

3. 月经的血不一定是红色的，刚来月经的前几天和最后几天可能是褐色（暗红色）的，月经里还可能夹杂一些看起来像血块的东西，这是脱落的子宫内膜，属于正常现象。

4. 月经周期在 28~35 天都是正常的，也有个别人会是 15 天或者 40 多天这样看似过短或者过长的周期。只要没有特别强烈的不适感，都没关系。如果实在不放心，妈妈可以陪女儿去医院检查一下。

5. 家长应指导孩子找到自己的月经周期，预测自己下次来月经的大致时间。如果月经周期是比较稳定的，假如上次来月经是上个月的 10 日，而这个女孩的月经周期大概是 30 天，那这个月 10 日的前后几天可能就会来月经。这几天，女孩就可以提前准备好卫生巾。

6. 来月经前，身体可能会有一些小征兆，比如，下腹有些疼痛，乳房有些酸痛，腰也可能会酸痛，有的人来月经前还会浮肿。并不一定每个征兆都会出现，不过基本可以通过自己来月经前几天的身体变化来判断月经是否要来了。

7. 从来月经的第一天到月经结束的那一天，这段时间称为经期。判断月经结束是哪一天，就看月经量（卫生巾上的血量）是否已经没有了。值得注意的是，初潮的少女因为卵巢发育不完全，经期不会很稳定。有的女孩可能来1~2次以后半年都不来，也有的一个月来两次。这段经期紊乱的时间大概会持续2~3年。家长要告诉自己的女儿不用担心，包里最好常备卫生巾，以防万一。

8. 如果来月经时不小心把内裤弄脏了，可以用冷水清洗内裤。经期最好穿纯棉内裤，也可以穿专门在月经期间使用的生理内裤，它不仅可以防止侧漏，透气性和舒适度也更好。

9. 来月经时要使用质量合格的卫生巾，并且每隔2小时就要更换。单片卫生巾用久了会滋生细菌，如果月经量多，卫生巾更换就要更频繁。

10. 卫生巾有日用和夜用之分，日用卫生巾长度较短，夜用卫生巾长度较长。夜间可以使用夜用卫生巾，夜用卫生巾可以吸收更多的经血，就不需要半夜起来换卫生巾了。

11. 月经量特别多的时候，为了防止侧漏，白天也可以使用夜用卫生巾。

12. 卫生巾的材质分为棉面和网面，棉面温和柔软，网面干爽。网面吸收效果好，但容易摩擦皮肤。具体选择哪种看个人喜好，用得舒服就行。

13. 还有一种和卫生巾长得很像的东西叫护垫，护垫一般在月经最后几天量少的时候用。

14. 卫生巾两侧像小翅膀一样的东西叫护翼，它是帮助卫生巾固定在内裤上的。

15. 除了卫生巾，卫生棉条、月经杯也都是可供选择的经期用品。

16. 月经前白带可能增多。白带是阴道分泌物，颜色呈白色，带黏性，身体健康的时候白带是没有臭味的。

17. 经期应每天用温水清洗阴部。因为经期人的机体抵抗力下降，如果不注意清洁，容易引起细菌感染。女性的阴部基本是弱酸性的，这能有效抑制细菌生长，而大部分的沐浴液都是碱性的，会破坏弱酸的环境，所以不需要用沐浴液，只需要用温水冲洗即可。此外还需注意清洗方式，只能淋浴不能盆浴，也不要直接用淋浴喷头对着阴道口冲。可以把喷头对准小腹，让水沿着身体往下流的同时，用一只清洗干净的手从前向后清洗，先洗外阴，再洗大阴唇、小阴唇，最后洗肛门周围及肛门。

18. 经期可以洗头洗澡，但应避免用冷水。

19. 痛经时，热敷小腹和吃止痛药都是解决办法。热敷合适的温度是 39~40℃，可以用暖宝宝或者热毛巾敷在小腹上。

20. 如果实在很痛，要在医生的指导下使用止痛药。

21. 经期要避免进行剧烈的体育运动，如长距离骑车、跑步、打篮球、踢足球等，因为这些运动有可能引起或加重痛经。遇到体育课可以向老师请假。

22. 经期要注意休息，不要熬夜学习，最好能保证在 22 点前睡觉。

23. 如果痛经非常厉害，应及时去医院检查，排除其他生理疾病引起痛经的可能。

最后，家长一定要帮女孩树立正确的观念，月经绝不是一件见不得人的事情。这是人体自然的生理现象，在某种程度上代表着身体健康。我们应该以一个积极坦然的态度面对它。

有问必答

提问：

我女儿 10 岁多，今年暑假的时候胸部开始发育了。我之前一直不好意思跟她沟通性的话题。现在，我想提前告诉她，她会来月经，但是不知道怎么说，麻烦老师帮帮我。

回答：

和孩子沟通月经的话题，最主要的其实不是知识的传播，而是态度的影响。关于什么是月经、来月经时如何使用卫生巾，相信妈妈自己也有经验，没什么不好意思的。

你可以这样告诉女儿，每个女孩长大都会来月经，虽然会流血，但这说明我们的身体很健康。等你再大一些，你也会来月经，这是一件值得庆祝的事情，说明你长大了。等你来了月经，一定要告诉妈妈，妈妈会和你一起庆祝，也会告诉你该做些什么。

你可以尝试

和孩子一起阅读这 23 条知识，一边阅读，一边讨论。家长可以分享自己对每一条的看法，以及自己的经验。如果家里是男孩，孩子感兴趣的话也可以读。

一片被男生传看的卫生巾

| **本节核心问题:** | 如何处理青春期孩子的调皮行为?

一位小学六年级的班主任曾告诉我们,班里有一个男生从女生包里偷拿了一片卫生巾,之后这片卫生巾被全班男生竞相"传看"。甚至后来这片卫生巾还"漂流"到了隔壁班,也被班上的男生"传看"得不亦乐乎。而那个被偷拿卫生巾的女生趴在桌子上哭了一整天,谁劝都没用。班主任很苦恼,她准备就这件事组织一次班会,前来向我们"取经"。

当时马上就要放暑假了,我们正准备在当地组织一个青春期孩子性教育夏令营,于是这个班一半的孩子都被"逼着"报了名。夏令营中有一个主题与女生的月经有关。我们给所有孩子(包括男生和女生)一人一片卫生巾,又给他们一杯水,并且给他们出了一道题:计算一片卫生巾最多可以吸收多少水。

刚开始拿到卫生巾的时候,很多孩子都特别尴尬,死活不愿意碰。后来,当一个男孩往卫生巾上倒水的时候,他发出了哇的一声。这一声"哇"和水倒在卫生巾上的画面,一下子吸引了很多孩子的注意。没过多久，所有的孩子都开始往卫生巾上面倒水。

这个环节结束，我们给每个孩子重新发了一片卫生巾，还有一把剪刀。我们鼓励他们把卫生巾剪开，探索里面到底是什么材料起到了吸水的作用。

第三个环节，我们让同学们先自由分组，然后给每个小组发内裤和不同种类、型号的卫生巾，让他们在内裤上贴卫生巾，观察不同卫生巾之间的区别。

活动最后，我们要求他们在夏令营结束时以小组为单位写一篇关于如何使用卫生巾的攻略，而且每个小组都必须用 10 分钟来展示他们设计的攻略。

在整个教学过程中，男生普遍表现得特别亢奋，尤其是往卫生巾上倒水的环节。女生相对还是偏害羞了一些，需要老师不断鼓励，她们才愿意拿起卫生巾。不过我们基本上达到了活动的目的：不管是男生还是女生，几乎都摆脱了对卫生巾的敏感，而且也能在全班同学面前大大方方地演示如何在内裤上贴卫生巾。

传看卫生巾，无非是出于好奇，青春期男生做出这样的举动，可能是好奇被压抑的结果。我们的夏令营无非是帮他们打破了好奇，化神秘为平常。没有机会参加夏令营的孩子，只要老师或家长帮他们解开疑惑，相信他们也不会再做出让人啼笑皆非的调皮事了。

孩子如果好奇，就会有很多表现。一味地告诉孩子这不可以、那不可以，解决不了任何问题，孩子的好奇心依然存在。

越是把性这件事情弄得神秘兮兮，孩子就越好奇，不如大大方方、彻彻底底地让孩子了解。孩子的好奇心得到了满足，自然不会做出一些不尊重别人的行为。性教育真的很简单。我们上完那节夏令营课以后，那位班主任告诉我们，班里再也没有出现过女生的卫生巾被偷拿和男生弹女生文胸带的事情了。

有问必答

提问：

我儿子今年13周岁，正值青春期。我最近发现他老是偷拿我的卫生巾，垫在自己内裤上。我告诉他这是女孩来月经的时候用的，但是他像中了魔咒一样，又拿气球充水到像鸡蛋那么大，然后塞进内裤里。搞不清楚他是怎么想的，我说他时，他也不吭声。

回答：

孩子在这个年纪多多少少都会对异性产生好奇，可能是对异性的身体好奇，也可能是对异性用的卫生巾、内衣好奇。这很正常，家长不必觉得这是一种病态。可以问问孩子为什么这么做，好奇什么。既然孩子已经偷拿卫生巾了，可以借着这个机会给孩子科普一下卫生巾的知识。给孩子一片干净的卫生巾，让孩子拆开看看，再告诉他来月经的时候卫生巾怎么使用，可以用一条干净的内裤演示给孩子看。还可以顺便给他讲讲女生多大会来月经，女生来月经是很正常的现象，当发现女生来月经的时候，不应该嘲笑女生等。

关于孩子给气球充水放在内裤里，也许那只是孩子的突发奇想，不用管太多。家长大可以换个心态，就当孩子自己做了一个有意思的实验。

你可以尝试

找个时间教孩子如何用卫生巾，让孩子自己拆开卫生巾探索里面的吸水材料。

孩子问安全套是做什么用的，该怎么回答？

经常会有家长问我们这样的问题："我们家孩子不小心看到抽屉里的安全套，问我是什么，我该怎么回答？""我们一家人出去旅游，孩子看到酒店里放置的安全套，问我们什么是安全套，我们要不要回答孩子？"

要回答，一定要回答！我们认为，这是对孩子进行性教育的绝佳时机。这种时候，家长可以先带孩子复习一下"我从哪里来"这个问题，然后这样告诉他——

当爸爸的精子进入妈妈的身体里寻找卵子的时候，一旦精子和卵子相遇变成受精卵，受精卵就会一点点地变成一个小宝宝。可是有时候，爸爸妈妈并不想要一个小宝宝，这时候就需要借助安全套来避免精子和卵子相遇。安全套会戴在爸爸的阴茎上，就像手套戴在手上一样。当精子从爸爸身体里出来的时候，会被安全套挡住，这样它们就不会跑到妈妈的身体里，妈妈也就不会怀孕了。安全套也叫避孕套，它的功能不仅仅是避孕，还可以防止一些疾病的传播。比如，有一些人得了病，病毒会通过性行为传播，安全套就可以阻止一个人把病毒传给另外一个人。

孩子好奇，想拆开安全套看，可以吗？

为什么不可以呢？孩子要是好奇，家长不如拆开一个安全套让孩子看看，也可以借助香蕉向孩子演示安全套如何使用。让孩子在父母这里了解安全套，总比让孩子自己去摸索，或者从别的地方知道好。

你会惊喜地发现，如果父母和孩子之间连性这样"害羞"的话题都能够沟通了，那么孩子会有更多的话题愿意和家长沟通。

教孩子使用安全套不是性教唆吗？

联合国教科文组织发布的《国际性教育技术指导纲要》中有研究证明，对孩子进行避孕相关的性教育，并不会使孩子初次发生性行为的时间提前。

其实，在教孩子认识安全套的时候，你可以把自己的态度、担忧和建议告诉他。"在你这个年龄不适合发生性行为。第一，在青春期结束前，你的身体还没有发育成熟，过早发生性行为会对身体造成伤害。第二，即使是使用安全套，也不能保证百分之百避孕成功。这个年龄怀孕，很大可能会选择流产，而流产并不像一些广告里说的那么轻松。流产对女性的身体伤害非常大。第三，就算你是男孩，作为一个负责任的人，你应该保护自己关心的人，不应该让对方承担不必要的风险。最后，教你使用安全套并不是鼓励你发生性行为，而是希望你知道，安全套是我们生活里普通但重要的一种东西。在必要的时候，安全套可以保护我们。"

处在叛逆期的孩子非要尝试使用安全套怎么办？

如果孩子真有这么冲动，那即使你不教他使用安全套，他也还是可能去尝试。孩子到底有没有那么冲动，其实与家长是否能正确引导关系很大。

我们不要总觉得性教育会让孩子性唤起，在这个性信息无处不在的时代，孩子接触到性信息是不可避免的。他们可能每天都在不自觉地接触这些性信息，而我们为什么要担心科学地引导孩子认识利弊的性教育会刺激到孩子呢？

全面的性教育不只是向孩子传递性知识，更重要的是帮孩子塑造积极的价值观，让孩子懂得权衡利弊，懂得如何选择，懂得担负责任。

有问必答

提问：

儿子 10 岁了，在超市看到安全套，一直追问我是干什么用的。爸爸告诉他是哥哥姐姐想模仿爸爸妈妈，但又不想怀孕用的。我觉得这个回答不好，对这个年龄的孩子，到底该怎么说好呢？

回答：

两情相悦的性行为确实很愉悦。当我们告诉孩子这个事实的时候，并不是在鼓励孩子去尝试。就像我们教孩子正确使用安全套的方法，也并不是鼓励他去发生性行为一样。如果担心，你可以告诉孩子，性行为不只是简简单单获得愉悦的事情，它有很多需要考虑的地方。比如必须是两情相悦，双方同意。另外，在身体完全发育成熟之前，过早发生性行为会伤害生殖器。并且，即便使用了安全套，发生性行为之后，女生还有怀孕的可能。

我们希望在孩子能理解的前提下，给他更全面的知识，帮助他在知情的情况下做出负责任的决定。另外，主动回答总比回避孩子更好。你这次回避，下次或许他就不再问了。

你可以尝试 //

　　如果你觉得孩子的年龄合适、理解力允许，请准备一个安全套，和孩子一起仔细阅读包装上的使用说明，并教孩子正确使用安全套。

//

关于艾滋病，青春期孩子不得不知道的一些事

本节核心问题： 什么是艾滋病？
艾滋病的传播途径和感染条件有哪些？
如何预防艾滋病？

关于艾滋病，大家往往会误以为携带者是因为不自爱或者不小心才感染的。而现实是，很多时候我们无法避免飞来横祸。

有时候孩子没做错事情却遭遇不幸。作为父母，我们一定要帮孩子培养自救的意识和能力。就像落水，不管是被别人挤下水还是自己戏水落水，游泳都是可以自救的能力。性教育在某种程度上就是在培养孩子自救的意识和能力。

我们要不要和上小学、初中的孩子聊聊艾滋病？当然要！尤其是一些基本常识，万一哪天孩子就用到了呢？如果一无所知，他们连基本的自救能力都没有。

尽管近年来社会对艾滋病科普宣传力度越来越大，但人们仍然普遍对此缺乏清晰认知。我们不妨一起了解一下。

什么是艾滋病?

艾滋病的医学全名为获得性免疫缺陷综合征（AIDS），是由艾滋病病毒引起的一种严重传染病。艾滋病病毒全称为人类免疫缺陷病毒，英文缩写是 HIV。艾滋病病毒侵入人体后，破坏的是人体的免疫功能。人体没有免疫功能，很容易被其他病毒感染，这可能导致人体发生多种难以治愈的感染或罹患肿瘤，最终死亡。艾滋病是一种病死率极高的传染病。

艾滋病的主要传播途径有三种：第一种是性接触，包括同性性行为和异性性行为；第二种是血液传播；第三种是母婴传播。

另外，艾滋病病毒的传播要同时满足三个条件：一是一定数量的艾滋病病毒；二是一定质量的艾滋病病毒；三是与感染者之间有体液交换。

"一定数量"的意思是说，只有血液、精液、阴道分泌物、乳汁和伤口渗出液中含有足够的艾滋病病毒才能够传播艾滋病，其他体液不能，唾液是不能传播艾滋病的。

"一定质量"的意思是说，艾滋病病毒离开人体后是很脆弱的。常用的消毒水就可以杀死它，而且在干掉的血液和凝固了的体液中，它也会失去活性，丧失传染能力。艾滋病病毒不能穿过完整的皮肤和黏膜，只有皮肤和黏膜有了破损，而含艾滋病病毒的体液恰好由此进入人体，才会传播。

如何发现自己感染了艾滋病病毒？

健康的人被艾滋病病毒感染后，体内就有了艾滋病病毒，但是一般四五天后血液中才能检测出艾滋病病毒抗体。从受艾滋病病毒感染，到血液中可以测出艾滋病病毒抗体，这段时期称为窗口期。在处于窗口期的艾滋病病毒感染者的血液中，虽然检测不到抗体，但血液、精液、阴道分泌液、乳汁、伤口渗出液等体液中含有艾滋病病毒，所以具有传染性。窗口期之后是潜伏期，潜伏期平均有2~7年，在这段时间里，身体不会有太多的异样，感冒了也能好，和正常人差不多。潜伏期之后就是病发期，病发期会出现一些疾病长时间好不了，慢慢变严重的情况。如果没有任何干预，容易致死。定期服用阻断药物，可以使感染者活到正常人的平均寿命。

下面我们再来说说哪些情况下不会传播艾滋病病毒。

与艾滋病病人和艾滋病病毒感染者共同生活，或者有工作接触不会感染艾滋病病毒，包括握手、拥抱、共同进餐、共用办公工具等；咳嗽和打喷嚏不会传播艾滋病病毒；蚊虫叮咬更不会传播艾滋病病毒。

艾滋病也是性病的一种，因为它可以通过性行为传播。性行为增加了感染和传播艾滋病的危险性。大多数性病可以治疗，而艾滋病目前虽已出现治愈者，但不具有普遍性。

如何预防艾滋病?

1. 了解艾滋病预防知识,消除没有必要的麻痹思想和恐惧心理。

2. 如果发生性行为,要坚持正确使用质量可靠的安全套。

3. 不要在无保护措施的前提下,接触他人的血液和伤口。

4. 如需使用注射器,应做到"一人一针一管",使用质量好的一次性注射器。

5. 不要吸毒。

6. 不要使用未经检测的血液或血液制品。

有问必答

提问:

我的儿子 15 岁,前几天他跟我说自己是同性恋。我上网查了下,网上说同性恋会得艾滋病,我该怎么办?他还能扭转过来吗?

回答:

艾滋病是一种性传播疾病,并不是一种性取向疾病。感染艾滋病的前提一定是发生性行为的对方携带艾滋病病毒。无论是同性恋还是异性恋,在无保护措施的情况下与艾滋病病毒携带者发生性行为,都可能感染艾滋病。所以,同性恋会感染艾滋病的说法是无稽之谈。

孩子 15 岁,正处于青春期,建议家长先不要太早界定孩子的性取向。可以与孩子沟通,询问他为什么会觉得自己是同性恋。目前没有性取向的"扭转"方案,家长应先客观地了解这个群体,如果孩子是同性恋,包容和鼓励孩子更好地生活,才是家长最应该做的。

你可以尝试

选一个时间和孩子聊聊艾滋病，问问孩子对艾滋病了解多少，向孩子普及艾滋病的知识，重点讨论在平时的生活中，我们可以做什么来预防艾滋病。

附 录

以性教育为题材，适合家长跟孩子一起读的儿童绘本书单：

《我为什么讨厌吃奶》[日] 砥深雪

《我为什么讨厌穿裤衩》[日] 砥深雪

《我为什么讨厌那个女孩》[日] 砥深雪

《小威向前冲》[美] 尼古拉斯·艾伦

《宝宝的诞生》[德] 塔吉雅娜·马蒂、丽萨·莫勒、克里斯蒂安·杰里梅斯、法比安·杰里梅斯

《我宝贵的身体》[韩] 郑智泳、郑惠泳

《我的弟弟出生了》[韩] 郑智泳、郑惠泳

《我是女孩，我弟弟是男孩》[韩] 郑智泳、郑惠泳

《纸袋公主》[加] 罗伯特·蒙施、迈克尔·马钦科

《朱家故事》[英] 安东尼·布朗

《不要随便摸我》[美] 珊蒂·克雷文、茱蒂·柏斯玛

《不要随便亲我》[德] 佩特拉·敏特尔、萨比娜·威默斯

《不要随便跟陌生人走》[德] 佩特拉·敏特尔、萨比娜·威默斯

《小鸡鸡的故事》[日] 山本直英、佐藤真纪子

《乳房的故事》[日] 土屋麻由美、相野谷由起

《小乳房》[日]有田奈央

《呀！屁股》[丹麦]迈普里斯·安徒生、叶世邦·杜拉航

《我们的身体》[法]帕斯卡尔·艾德兰、罗伯特·巴尔博里尼

《男孩身体的秘密绘本》[日]北泽杏子、今井弓子

《女孩身体的秘密绘本》[日]北泽杏子、今井弓子

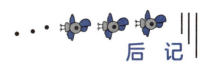

后 记

2013 年，我不断看到性侵害儿童案件被媒体报道出来，于是下定决心通过自己的力量去做一些改变。那时候，我除了在公众号上面写性教育方面的科普文章，也开始在微信里回答一些家长的咨询。找我做咨询的家长越来越多，我发现家长们的好多问题都是有共性的，这个家长遇到的问题，另外一个家长也会遇到。但是因为家长自己也从来没有接受过完善的性教育，所以他们根本不知道到底该如何应对，甚至有时候还会把孩子们正常的行为看成一种疾病，以为全天下就自己的孩子这样。于是，我把一些咨询的案例总结发到自己的朋友圈，供大家参考。好多看了我朋友圈的家长会留言给我，说他们仅仅看我朋友圈的案例就学习到了很多性教育方面的知识。

我做的科普和咨询都是性教育行业最基础的工作，却经常获得非常多家长的认可。我想，这并不是因为我做的事情多么独一无二，而是因为家长们能获取性教育知识的渠道实在是太少。他们就算想学，也不太容易找到地方。网络上关于性教育的谣言、错误信息特别多，家长有时是没有能力去辨别内容好坏的。其实，在家庭教育领域，家长有大量的图书可以用来阅读学习。但是关于性教育的图书，却寥寥无几。这也给我写这本书提供了动力。我希望通过分享自己的专业知识，来帮助家长们更多地了解性教育。我希望每当他们在教育孩子的过程中遇到性方面的问题的时候，可以通过这本书快速掌握性教育的方法和技巧。

很多问题看似是性的问题，事实上不是性的问题

青春期的孩子沉迷成人影片，是性的问题吗？不是，是孩子的生活太单调、太无聊，只有性能给他带来愉悦。孩子喜欢摸妈妈的乳房，是性的问题吗？不是，是孩子安全感的问题。恋母情结是性的问题吗？不是，是父亲角色的缺失，"丧偶式育儿"的问题。

如果只是盯着性的那个部分看，我们就无法找到真正的问题出在哪里，也就不能有效地解决问题。性在国内是一个极为敏感的话题，直到现在依然有大量的家长谈性色变。一旦孩子出现任何一种和性相关的行为，家长都会变得极为焦虑，仿佛孩子出问题了。

很多问题看似是孩子的问题，事实上是家长的问题

5 岁的孩子喜欢夹腿，怎么说都没用。这是孩子的问题吗？不是，孩子很正常。真正有问题的是家长的观念。因为在家长眼中，自慰是羞耻的、罪恶的、异常的，家长根本就不愿意承认孩子也会自慰的事实。所以，即使教家长再多办法，他们中的很多人也还是只想着怎么停止孩子的自慰行为。

孩子对性很感兴趣，总是问各种各样的问题，是孩子性早熟了？不是，孩子很正常，就像成长过程中探索任何自己感兴趣的东西一样，他在探索性。真正有问题的是家长。在家长眼中，性如同洪水猛兽，岂是孩子可以去探索、去了解的？

很多看似是问题的问题，事实上不是问题

2 岁的儿子阴茎会勃起，孩子喜欢异性的玩具，男孩的性格不够男子汉，女孩的性格太"女汉子"，孩子早恋，等等，这些看似是问题的问题，理智地想想，都不是问题。我们总是习惯用"标准"眼光看待每一个个体，但实际上每个个体都有其与众不同的地方。我们要做的不是去改变孩子，而是接纳孩子的多元。

看似是在解决孩子的问题，事实上是在解决家长的焦虑

遇到的家长越多，越深刻地感受到，我并不只是在帮家长

纠正他们认知层面的误区，更多的是在帮家长解决他们的焦虑。家长对孩子出现性活动的焦虑，家长对孩子行为活动误解的焦虑，家长对孩子是否安全的焦虑……与其说是在科普和咨询，不如说是在安抚他们的情绪。

对孩子的性教育到底该怎么进行？性教育的核心是什么？

本书中提到了许多问题，但是我相信有一天孩子又会问出一个书里没提到的问题。一旦遇到这样的问题，家长们又该如何应对呢？

我始终认为性教育不单单是知识的科普，更是对孩子价值观和人格的培养和塑造。在回答孩子一个关于性的问题的同时，我们也在向孩子传递价值观——从对事情的不理解，到尊重与包容；从是非黑白的二元价值观，到丰富多元的价值观，这是性教育的进步，也是价值观和人格教育的进步。

当我们在回答孩子的问题时，回答到哪一步，具体怎么回答都没有那么重要。更重要的是我们回答时的态度，以及我们回答孩子的过程。家长不可能做到完全科学、全面，也很难保证自己说的就是绝对正确的。所以我们才需要去学习。家长并不是只有成为极为专业的专家，才有资格教育孩子。要知道，遇到问题，陪伴孩子去寻找答案的过程，比给孩子一个标准答案有意义得多。

致 谢

　　感谢在江南大学开设"性科学"选修课的沈力晔老师，她点燃了我对性教育的热情。也正是因为她，我才走上了性教育这条路。

　　感谢一路走来不断鼓励、支持我的家长，正是因为他们的鼓励，我才能在如此艰难的环境中始终坚持做好儿童性教育。

　　感谢多年来向我咨询的家长们，我在回答他们问题的同时，也在构建自己的知识网络。他们生活化的问题，使得我对家庭性教育的认识更加深刻。

　　感谢5位提前帮我看书稿的朋友，她们分别是小北老师、曾轰轰、李娜、两条街的妈妈李薇、张萍。她们为这本书从初稿到终稿的修改提供了非常有价值的建议。

　　感谢简书和中信出版社，编辑老师们对我的认可，让我有机会把自己的知识和经验以书籍的方式呈现出来。

　　最后也感谢我自己，感谢那个在许许多多个日子里写稿、直播、上课的创业牛犊。